D1727973

Sabine Leikep/Klaus Bieber

Der Weg
Effizienz im Büro mit KAIZEN®-Methoden

KAIZEN und GEMBAKAIZEN
sind eingetragene Schutzmarken des KAIZEN® Institute

© 2. Auflage 2006 Sabine Leikep/Klaus Bieber
Satz, Umschlagdesign, Herstellung und Verlag: Books on Demand GmbH,
Norderstedt
ISBN 10: 3-8334-6341-4
ISBN 13: 978-3-8334-6341-9

Sabine Leikep/Klaus Bieber

Der Weg
Effizienz im Büro mit KAIZEN®-Methoden

Inhaltsverzeichnis

Vorwort

Die Welt dreht sich immer schneller – dieses Gefühl haben heute viele Menschen. Es fällt schwer, mit den technischen Entwicklungen Schritt zu halten. Die Globalisierung eröffnet ungeahnte Möglichkeiten. Per Internet sind die meisten Menschen auf unserem Planeten miteinander vernetzt.

Die Menschheit strebt danach, sich in allen Bereichen stetig zu verbessern. Das kommt in vielen Dingen zum Ausdruck. Schauen Sie sich nur die Entwicklung verschiedener Produkte innerhalb der vergangenen Jahrzehnte an. Oft ist es unglaublich, wie bequem, sicher und zeitsparend manche Gegenstände des täglichen Gebrauchs geworden sind. Automobile sind wesentlich komfortabler, sicherer und umweltfreundlicher als noch vor zwanzig Jahren. Wer hätte sich je träumen lassen, dass uns ein Navigationssystem eines Tages den Weg durch den Großstadtdschungel weist? Im Privathaushalt spart man heute viel Zeit und Kraft durch technische Errungenschaften wie Spülmaschine, Mixer und eine Vielzahl elektrischer Haushaltshelfer. Das Reisen ist viel bequemer geworden. Während früher Kofferschleppen angesagt war, entwickelten sich die Gepäckstücke über den Koffer mit Rädern bis hin zum heute fast unverzichtbaren Trolley, bei dem sich das Gewicht optimal verlagert und der sich wirklich kinderleicht transportieren lässt. Es gäbe noch Tausende von Beispielen für die Evolution der Konsumwelt. Diese Entwicklung war nur möglich, weil die produzierenden Unternehmen ihre Arbeitsweise und ihre Produkte ständig verbessert haben. Und warum haben sie das getan?

Sie haben es getan, um wettbewerbsfähig zu bleiben. Denn wer am Markt bestehen möchte, muss den Mitbewerbern immer einen Schritt voraus sein. Dies haben die Menschen in der Produktentwicklung und in den Produktionsbereichen längst erkannt. Viele haben in den vergangenen zwei Jahrzehnten ihre Abläufe mit Kaizen-Methoden optimiert. Doch wie sieht es in den Büros aus? Dort ist das Wort „Effizienz" oft noch ein Fremdwort, und es wird unstrukturiert gearbeitet. Verschwendung, umständliche Bearbeitungsprozesse und hohe Durchlaufzeiten sind an der Tagesordnung.

Mit diesem Buch möchten die Autoren Denkanstöße geben und die Leser mit der Methode *Kaizen* vertraut machen. Wenn Sie erst einmal die Zusammenhänge verstehen, werden Sie erkennen, was mit Kaizen alles möglich ist. Kaizen setzt nicht auf Revolution, sondern ist eher eine Evolution – ein Weg der kleinen Schritte. Dabei findet eine grundlegende Veränderung im Arbeitsprozess statt, denn nicht nur einzelne Mitarbeiter, sondern ganze Abteilungen werden effizienter. Überstunden werden abgebaut, und die Menschen haben mehr Spaß bei der Arbeit. Eigenverantwortliches Handeln wird gefördert, der Einzelne kann mehr Entscheidungen treffen und wird den Erfolg seines Wirkens erkennen.

Anstelle eines reinen Fachbuches über die Vorgehensweise haben wir unser Know-how in eine kleine Geschichte verpackt. Wir hoffen, dass es sich so besser liest und dass unsere Leser erkennen, was sie in ihrem Büroalltag ohne große Anstrengungen und Investitionen bewegen können. Wir haben bewusst eine einfache Sprache gewählt, damit viele Menschen verstehen können, wie einfach sie ihr Leben privat und im Beruf erleichtern können.

Für die Publikation bei „Books on Demand" haben wir uns entschieden, weil die Vorgehensweise dieses Verlages dem Kaizen-Prinzip entspricht: Das Buch wird dank eines optimierten und ausgefeilten Druckprozesses genau dann gedruckt, wenn der Kunde es verlangt, das heißt „just in time". Es werden keine Bestände aufgebaut, die Geld, Raum und Zeit beanspruchen. Diese Vorgehensweise wird sich sicher noch auf viele Bereiche ausweiten. Einige Automobilhersteller praktizieren bereits die nachfrageorientierte Fertigung. Viele Möbelhersteller machen es ebenso, und in der Textilbranche sind Ansätze vorhanden, Bekleidung nach Maß und orientiert an der Kundennachfrage herzustellen.

Doch es genügt nicht, wenn sich nur der Produktionsbereich am Kundenbedarf orientiert. Die gesamte Prozesskette vom Eintreffen der Kundenbestellung bis hin zur Auslieferung an den Kunden muss unter die Lupe genommen werden. Und „just in time" gilt nicht nur für Unternehmen, die materielle Produkte herstellen, sondern auch für Dienstleister, Versicherungen, Behörden und andere Organisationen. Selbst wer nicht direkt an Endverbraucher liefert, hat Kunden. Als Kunde ist immer auch die nachfolgende Kollegin oder der Kollege im Bearbeitungsprozess zu betrachten.

Ziel unseres Buches ist es, Ihnen, liebe Leserin und lieber Leser, Wege aufzuzeigen, wie Sie Verschwendung erkennen und Ihre Arbeitsprozesse so effizient und kreativ gestalten, dass Sie weniger Stress und mehr Spaß bei der Arbeit haben. Wir hoffen, dass uns dies gelungen ist, und wünschen Ihnen viel Erfolg.

Im August 2004

Sabine Leikep
Klaus Bieber

Der ganz normale Wahnsinn

Tim Tacho leitet seit fünf Jahren ein kleines Team bei dem namhaften Automobilzulieferer Drehrad AG. Als Kaufmann mit Interesse an Technik findet er Erfüllung in seinem Job als Teamleiter Teileverkauf Gruppe 1. Er geht gerne mit Menschen um und hat Spaß am Kundenkontakt und an der Führung seiner fünf Mitarbeiter. Die Geschäfte laufen gut, das Unternehmen expandiert und hat im vergangenen Jahr einige neue Mitarbeiter eingestellt. Das Büro platzt inzwischen aus allen Nähten.

Tim steckt bis über beide Ohren in Arbeit. Auf seinem Schreibtisch häufen sich die Aktenstapel. Kürzlich sagte ein Kollege zu ihm: „Du bist ja ein echter Volltischler." Was der Kollege zum Glück nicht sah, ist, dass auch sein elektronischer Briefkasten überquillt und er mit der Bearbeitung seiner E-Mails schwer im Rückstand ist. Ständig läutet das Telefon, und Tim hat keine ruhige Minute. Ein Kunde beschwert sich darüber, dass er auf sein Reklamations-Mail vom vergangenen Monat noch nichts gehört hat. Sein Vorgesetzter, Dieter Kardan, fragt ungeduldig nach der von ihm vor Tagen in Auftrag gegebenen Aufstellung. Eigentlich wollte sich Tim heute Gedanken über eine bessere Strukturierung seines Teams machen. Aber in dieser Situation ist es unmöglich, einen klaren Gedanken zu fassen.

Es ist 19 Uhr, das Telefon ist endlich verstummt, und er beginnt, nach dem Prinzip **Wo am nötigsten** die wichtigsten Dinge aufzuarbeiten. „Nun noch eine Tasse Kaffee und ein bis zwei Stunden powern und dann in den wohlverdienten Feierabend", denkt er sich. Auf dem Weg zur Kaffeeküche kommt er an den Arbeitsplätzen seiner Kollegen vorbei, die zum Teil ebenfalls noch arbeiten und sich hinter den Papierstapeln auf ihren Schreibtischen verschanzt haben.

Graue Trennwände zerteilen die Landschaft des Großraumbüros in einzelne Zellen, wo jeder vor sich hinarbeitet. Tim Tacho erinnert sich wieder daran, dass er dringend eine Information vom Kollegen Spiegel braucht. Doch der war zwei Wochen krank, und niemand kennt sich mit seinem sehr individuell gestalteten Ablagesystem aus. Alle warteten sehnsüchtig auf seine Rückkehr, um an die benötigten Informationen zu kommen. Heute war Spiegels erster Arbeitstag nach der Krankheit, und vor seinem Schreibtisch bildeten sich zeitweise Warteschlangen. „Ohne mich scheint hier nichts zu laufen", denkt der ansonsten wenig beliebte Kollege und wundert sich, welche Aufmerksamkeit ihm nach seiner Rückkehr zuteil wird. Insgeheim freut er sich darüber, wie sehr ihn anscheinend alle vermisst haben. Vor zwei Stunden ist Spiegel gestresst nach Hause gefahren, denn ganz fit ist er noch nicht. Vielleicht hat Tim morgen Glück und bekommt endlich die benötigte Auskunft.

Er erreicht die Kaffeeküche und sieht erfreut die noch halb volle Kaffeekanne. Wenigstens bleibt ihm das Kaffeekochen erspart. Doch zu früh gefreut: Der Schrank mit den Kaffeetassen ist leer, und die verschmutzten Tassen sind großflächig und chaotisch auf der Arbeitsfläche verteilt. Die Spülmaschine ist voll mit verschmutztem Geschirr. Zähneknirschend verzichtet er auf den Kaffee, denn nach Spülen steht ihm jetzt nicht der Sinn. Als Ersatz gibt es eine Flasche Cola aus dem Automaten.

Auf dem Rückweg zu seinem Arbeitsplatz fällt ihm auf, wie wenig freie Flächen es im gesamten Bürobereich gibt. Jede Ecke ist zugestellt mit Schränken und Regalen, aus denen Ordner quellen. Beim genaueren Hinsehen stellt Tim fest, dass bestimmte Daten, zum Beispiel Preislisten oder Lieferantenverzeichnisse, an fast jedem Arbeitsplatz in Form eines dicken Ordners vorhanden sind. Tim hat den Ordner auch noch unter seinem Schreibtisch stehen, aber er hat die Daten inzwischen auf seiner Festplatte verfügbar und nutzt die Papier-Unterlagen so gut wie nie. Der Ordner wird praktisch nur in die Hand genommen, wenn das Reinigungsteam mal wieder mit dem Staubsauger dagegen gefahren ist und er ihn am nächsten

Morgen wieder in Position bringt. „Eigentlich könnte ich diesen Ordner und vielleicht noch einige andere abschaffen", denkt Tim.

Das Schrillen des Telefons reißt ihn aus seinen Gedanken. Am Telefon ist Tims Gattin Thea, und im Hintergrund hört er das Brüllen seines zehn Monate alten Sohnes Marco. Ziemlich sauer informiert ihn seine bessere Hälfte darüber, dass sein Junior gerade das erste Zähnchen bekommt, und fragt ihn, ob er im Büro übernachten wolle. Er verspricht, in spätestens einer Stunde zu Hause zu sein. An Konzentration ist jetzt nicht mehr zu denken. Er merkt, dass seine Ehe bereits unter der Arbeitssituation leidet, und es plagt ihn das *schlechte Gewissen* – gegenüber seiner Familie, die er vernachlässigt, gegenüber Kunden, die unzufrieden sind, gegenüber seinem Team, das sein Bestes gibt, aber auf keinen grünen Zweig kommt, und schließlich gegenüber sich selbst, weil in der momentanen Situation Arbeitsfreude und Motivation schwinden. Frustriert erledigt er noch ein paar wichtige Dinge und macht sich dann auf den Heimweg.

Am nächsten Morgen geht es weiter wie gehabt. Ein wildes Durcheinander herrscht im Großraumbüro. Jeder versucht, dort zu löschen, wo es gerade brennt. Die Kunden, die am lautesten schreien, werden zuerst bedient. Um zehn Uhr flattert ein Fax mit einem größeren Auftrag von Außendienstmitarbeiter Hans Dampf auf Tims Schreibtisch.
   „Schön", murmelt Tim, „die Geschäfte laufen gut." Er öffnet seinen E-Mail-Briefkasten und liest mit Entsetzen: „Sie haben 43 neue Mails." Ein Mail sticht ihm sofort ins Auge, da ein rotes Ausrufungszeichen auf die hohe Priorität hinweist. Er öffnet es und liest: „Habe dir soeben einen schönen Auftrag von der Firma *Luxusmobile* gefaxt. Anbei nochmals das Fax als Anhang. Viele Grüße, Hans Dampf."
   „Hat denn der nichts Besseres zu tun?", denkt Tim und kämpft sich weiter durch die Flut der eingegangenen Mails. Sein Vorgesetzter kommt am Schreibtisch vorbei und sagt: „Haben Sie schon das Mail von Hans Dampf gelesen? Schönen Auftrag hat er da an Land

gezogen." Es folgt ein kurzer Smalltalk. Wieder allein, will sich Tacho erneut den eingegangenen Mails widmen, da klingelt das Telefon. Am Apparat ist Hans Dampf: „Hast du schon mein E-Mail gelesen, dass ich dir ein Fax geschickt habe?" Es folgt ein zehnminütiges Telefonat, in dem sich Dampf seine Streicheleinheiten für den erfolgreichen Deal abholt.

Inzwischen ist es zwölf Uhr, und Tim geht abgekämpft mit dem Gefühl in Richtung Kantine, an diesem Vormittag keinen Schritt weitergekommen zu sein. Am Mittagstisch stellt sich heraus, dass neben dem für **Luxusmobile** zuständigen Sachbearbeiter sämtliche Kollegen das Mail von Hans Dampf erhalten haben. Alle klagen über den Fluch der neuen Technik, da die Bearbeitung bzw. das Lesen eingehender E-Mails inzwischen einen beträchtlichen Teil der Arbeitszeit in Anspruch nimmt. Hinzu kommen noch die vielen Anrufe, die kaum Zeit für die Erledigung des Tagesgeschäfts lassen. „Ich fühle mich wie ein Hamster im Rad", sagt Kollegin Elke Müller, und die anderen am Tisch stimmen ihr zu.

Das AHA-Erlebnis

Am Nachmittag empfängt Tim eine Besuchergruppe zu einem Rundgang durch den Produktionsbereich. Zum ersten Mal nimmt er bewusst wahr, wie gut hier alles organisiert ist. Er erinnert sich an seine Tätigkeit als Ferienjobber vor vielen Jahren. Damals war hier in der Fabrik alles relativ schmutzig. Viele Dinge standen kreuz und quer herum, und es herrschte hektische Betriebsamkeit. Heute hingegen könnte man fast vom Fußboden essen, so sauber ist alles. Freundliche Farben schaffen eine positive Atmosphäre, und es ist eine Ordnung erkennbar.

Die Durchgangswege sind frei, und am Boden zeigen farbige Markierungen, wo die Dinge ihren festen Platz haben. Die Werkzeuge sind sauber an speziell dafür eingerichteten **Shadow-Boards** und Schränken geordnet, und jeder geht mit Ruhe seinen Aufgaben nach. Ein Meister erklärt den Besuchern gerade das **Kanban-System**, mit dem der Materialnachschub geregelt wird.

„Seit der Einführung dieses Systems sind die Lagerhaltungskosten drastisch gesunken, und alle Teile sind immer in ausreichender Menge verfügbar", berichtet der Meister stolz. Beim Betreten der nächsten Halle erinnert sich Tim, dass hier früher die fertig produzierten Teile gelagert wurden. Jetzt sieht er nur noch Produktionslinien. Der Meister erklärt, dass durch **Just-in-time-Fertigung** die Lagerhalle überflüssig geworden ist und nun im Rahmen der Expansion als Produktionsfläche genutzt werden kann.

„Mann, oh Mann", denkt Tim, „hier hat sich ja ganz schön was getan!" Als die Besucher verabschiedet sind, bittet er den Meister noch um ein kurzes Gespräch und fragt ihn:

„Wie habt ihr das nur hingekriegt, dass hier alles so rund läuft und die Werker fast immer pünktlich Feierabend machen?"

„Das Wundermittel heißt **Kaizen**", sagt der Meister. „Die Methode kommt aus Japan und kann übersetzt werden mit **Stetige Verbesserung in kleinen Schritten**. Wir haben damit vor sieben Jahren begonnen und sehr viel erreicht."

Ausführlich erklärt er, wie alles anfing: Aussortieren unbenötigter Dinge, sauber machen und neu anordnen, neue Farbgestaltung, neue Anordnung der Produktionslinien. An einer Infotafel zeigt er die Dokumentation des Fortschritts. So sah es vorher aus – kein Vergleich mit heute.

Zahlen, Daten und Fakten, grafisch aufbereitet, dokumentieren die Veränderung zum Positiven: Rückgang der Unfälle, Steigerung der Produktivität, Steigerung der Anlageneffizienz durch bessere Wartung und Pflege der Maschinen, Kostenersparnis durch Senkung der Bestände etc. Tim Tacho ist beeindruckt. „Da habt ihr ja ganz schön was geleistet", sagt er. „Ja, und das Schöne dabei ist, dass alle begeistert mitmachen und nun auch mehr Spaß an der Arbeit haben", erklärt der Meister. „Aber ohne fremde Hilfe hätten wir das nicht geschafft", räumt er ein. Er erzählt, dass ein externer Berater das Team im Rahmen von Workshops mit der Vorgehensweise von Kaizen vertraut gemacht hat. Begonnen wurde mit einem Pilotprojekt in einem Teilbereich. Die dort ausgebildeten Prozessbegleiter gaben ihr Wissen dann an andere Bereiche weiter, so dass sich nach und nach das Ganze wie ein Schneeballsystem in der gesamten Produktion verbreitete.

„Und wie habt ihr es geschafft, das System im Alltag am Laufen zu halten?", fragt Tim.

„Es ist wichtig, dass der Prozess der stetigen Verbesserung nicht zum Stillstand kommt. Die erzielten Einsparungen ermöglichten uns den Einsatz von hauseigenen Kaizen-Koordinatoren, die regelmäßig und gezielt Verbesserungsworkshops durchführen.

Nun rattert es in Tims Gehirn. „Das kann doch nicht wahr sein, dass die Leute von der Produktion – was die Arbeitsorganisation betrifft – uns schlaue Leute vom Büro in den Schatten stellen", denkt er bei sich. „Das Modell der **kontinuierlichen Verbesserung** muss doch auch bei uns im Verwaltungsbereich funktionieren!"

Heute macht Tim früher Feierabend und deckt sich in der Bibliothek mit Büchern über Kaizen ein. Zum Glück steht das Wochenende vor der Tür. Der Gedanke lässt ihn nicht mehr los und er übernimmt freiwillig die nächtliche Betreuung für seinen zahnenden Junior. Während dieser schläft, verschlingt Tim die Bücher und macht sich Gedanken darüber, wie er die Kaizen-Methoden in seinem Bereich anwenden kann. Unter seinen Büchern ist auch eines, das sich mit **Kaizen im Büro** beschäftigt.

Tim Tacho lernt Japanisch

Der **Kaizen-Gedanke** hat Tim Tacho gepackt und lässt ihn nicht mehr los. Mit Feuereifer lernt er die wichtigsten japanischen Begriffe und murmelt sie immer wieder vor sich hin:

„Gehe zu **GEMBA** (Ort des Geschehens, Arbeitsplatz),
beobachte **GEMBUTSU** (die realen Dinge),
suche nach **MUDA** (Verschwendung),
MURA (Abweichung, Unstetigkeit) und
MURI (Über-Belastung),
mache **KAIZEN** (stetige Verbesserung)!"

Er lernt auch, dass **KANBAN** eigentlich „Karte" heißt, oftmals aber
als Bezeichnung für ein Materialbeschaffungssystem verwendet wird,
das anhand von Karten bzw. EDV-Belegen gesteuert wird. **POKA
YOKE** ist die japanische Bezeichnung für die Vermeidung (YOKE)
unbeabsichtigter Fehler (POKA). Aus dem Englischen übernommen
haben die Japaner den Begriff **JUST-IN-TIME (JIT)**. Sie bezeich-
nen damit ein Prinzip zur Steuerung des Material- und Informa-
tionsflusses entlang der Prozesskette.

Dann gibt es da noch die **5 S**:
SEIRI (Ordnung schaffen), **SEITON** (Ordnungsliebe), **SEISO**
(Sauberkeit), **SEIKETSU** (persönlicher Ordnungssinn) und
SHITSUKE (Disziplin).

„Vielleicht brauchen wir diese exotisch klingenden Begriffe, um alte
Tugenden wie Ordnung, Sauberkeit und Disziplin wieder attraktiv
und interessant zu machen", sinniert Tim. „Diese Eigenschaften
sind dann die Basis für die Synchronisation von Mensch, Maschine,
Material und Informationen." Er erinnert sich an seine Zeit auf dem
humanistischen Gymnasium. Im Griechisch-Unterricht lernte er den
Begriff „**PANTA RHEI**" (alles fließt). „Das ist es", murmelt er vor
sich hin, „alles muss fließen, besonders Information. Wäre es nicht
schön, wenn wir es schaffen könnten, die richtige Information zum
richtigen Zeitpunkt in der richtigen Qualität am richtigen Ort zu
haben?"

Wie Tim Tacho die Geschäftsleitung überzeugt

Je mehr sich Tim in den nächsten Wochen mit dieser Thematik beschäftigt, desto unerträglicher wird für ihn die Situation an seinem Arbeitsplatz. Ihm ist klar, dass hier etwas passieren muss. Doch dazu benötigt er zum einen Geld und Freiraum und zum anderen das Einverständnis und die Unterstützung der Geschäftsleitung. Außerdem ist es wichtig, dass das ganze Team von der Sache überzeugt ist und mitmacht. Tim traut es sich aufgrund der fehlenden Erfahrung nicht zu, einen Prozess solchen Ausmaßes ins Rollen zu bringen, und kommt zu dem Schluss, dass die Unterstützung eines externen Beraters notwendig ist.

Gewappnet mit diesen Gedanken, vereinbart Tacho einen Gesprächstermin mit dem Abteilungsleiter Dieter Kardan.

Sie treffen sich am Nachmittag in Kardans Büro. Tim nimmt auf der anderen Seite des Schreibtisches Platz und stellt fest, dass hier auch ein **Volltischler** am Werk ist. Und von Ordnung kann in diesem Raum ebenfalls nicht die Rede sein. „Gut", denkt sich Tim, „dem geht es auch nicht besser als allen anderen in diesem Laden. Das dürfte eine gute Basis für mein Anliegen sein." Und nun legt Tim los, erzählt von seinem **AHA-Erlebnis** beim Rundgang in der Produktion vor einigen Wochen und von seinen Recherchen zum Thema Kaizen.

Er schildert die teilweise chaotische Arbeitssituation in der Vertriebsabteilung. Diese belegt er durch Beispiele, wie die Überinformation durch die E-Mail-Flut, Redundanz durch Mehrfach-Ablage, Schwierigkeiten bei der Kommunikation, lange Durchlaufzeiten, viele Medienbrüche, Papierstau auf den Schreibtischen und die **Verstopfung** in den E-Mail-Briefkästen.

Er erläutert, dass Such- und Wartezeiten, Störungen und Unterbrechungen den Arbeitsfluss hemmen. Zum Schluss macht er deutlich, dass sich dieser Zustand negativ auf die Motivation der Team-Mitarbeiter auswirkt.

Kardan hat schweigend zugehört. „Da muss ich Ihnen Recht geben", sagt er. „Mir ist auch aufgefallen, dass die Stimmung schon besser war. Und die Beschwerden wegen zu langer Bearbeitungszeiten sind bereits bis zur Geschäftsleitung vorgedrungen. Ich denke, wir sollten versuchen, die Situation zu verbessern. Können Sie bis zum Monatsende eine kleine Präsentation vorbereiten und ein Angebot für die Betreuung durch einen kompetenten Berater einholen?"

Tims Herz macht einen Sprung. „Selbstverständlich, Herr Kardan", sagt er, „und vielen Dank, dass Sie sich Zeit für mich genommen haben."

Nun hat Tim Tacho bereits einen Verbündeten. Er versucht, mehr von seinem Tagesgeschäft zu delegieren, und opfert auch etwas von seiner Freizeit, um an der Präsentation für die Geschäftsleitung zu arbeiten. Er nimmt Kontakt mit dem *Institut für Office Excellence* auf und trifft sich mit dem Berater Eugen Effizio. Dieser bestätigt ihn in seiner Überzeugung, dass Kaizen ein Weg sein kann. Effizio arbeitet ein Angebot aus und erklärt sich bereit, bei der Präsentation vor der Geschäftsleitung dabei zu sein und von erfolgreichen Projekten zu berichten.

Tim freut sich, dass er nun schon zwei Verbündete hat, und sieht der Präsentation vor dem Management gelassen entgegen.

Am kommenden Dienstag ist es so weit. Tim holt Eugen Effizio am Werkseingang ab. Tim hat schon alles für die Präsentation vorbereitet. Nach und nach erscheint der gesamte Führungsstab: Geschäftsführer Manfred Drehrad, Produktionsleiter Wolfgang Stern, Verwaltungsleiter Dr. Bernd Ordner, Einkaufsleiter Holger Bayer, Vertriebsleiter Dieter Kardan, Marketingleiterin Anette Feder und die Leiterin Personal und Rechnungswesen Corinna Neuner.

Dieter Kardan stellt Tim Tacho vor und erklärt mit ein paar einleitenden Worten, worum es geht. Dann schildert Tim die momentane Situation in der Vertriebsabteilung. Er erzählt von seinen Erfahrungen als Ferienhelfer vor vielen Jahren in der Produktion und von seinem Erstaunen darüber, wie es dort heute aussieht. Danach erklärt er kurz die Vorgehensweise von Kaizen.

Schließlich stellt er Eugen Effizio vor, der das Einsparpotenzial im Verwaltungsbereich anhand eines Praxisbeispiels aufzeigt:

„Beim Fahrradhersteller Trettel AG wurden im Basisworkshop im Rahmen einer so genannten *5A-Kampagne* in einer Abteilung mit 30 Mitarbeitern 685 Ordner, 2200 kg Papier, ein Container Elektroschrott und neuwertiges Büromaterial, das noch mindestens für ein Jahr gereicht hätte, aussortiert. Zudem wurden überflüssig gewordene Büromöbel, nicht benutzte PCs und andere Geräte im Wert von 18 000 Euro freigesetzt. Trennwände im Großraum-büro wurden entfernt und die Arbeitsplätze neu angeordnet, so dass nun insgesamt eine freundlichere Atmosphäre herrscht. Die Aktion brachte der Abteilung eine Flächeneinsparung von etwa 20 %. Gemeinsam genutzte Einrichtungen wie Drucker, Kopierer, Büromateriallager etc. wurden so angeordnet, dass sie für alle gut erreichbar sind."

Effizio schaut kurz in die Runde und spricht weiter: „Doch das ist nicht der Knackpunkt. Es geht ja nicht um eine *Aktion schöner Wohnen*. Vielmehr müssen die Prozesse verbessert und die Kundenzufriedenheit erhöht werden. Es geht um die Verbesserung von Qualität, Geschwindigkeit und Wirtschaftlichkeit. Dazu ist eine gewisse Flexibilität erforderlich. Die Trettel AG hat es in der weiteren Entwicklung geschafft, die Suchzeiten zu minimieren, Zeiten durch kurze Wege einzusparen und die Verschwendung zu reduzieren. Ein Kanban-System für die bessere Verfügbarkeit von Büromaterial wurde eingeführt.

Insgesamt wirkt sich die angenehmere Arbeitsumgebung positiv auf die Motivation der Mitarbeiter aus. Die Qualität der Arbeit wurde besser, die Durchlaufzeiten kürzer. Dies führte wiederum zu einer höheren Kundenzufriedenheit."

Gebannt lauscht das Gremium den Ausführungen Effizios. Dieser fährt fort:

„*Office Excellence* zielt auf die Verbesserung von Qualität, Geschwindigkeit und Flexibilität. Werden diese Zielkriterien positiv beeinflusst, dann stimmt in der Regel auch die Wirtschaftlichkeit des Unternehmens. Durch die Einbindung der Mitarbeiter steigt die Eigenverantwortung, und die Menschen haben die Chance, sich vom **Unterlasser** zum **Unternehmer** zu entwickeln. Stellen Sie sich den Sachbearbeiter vor, der sich heute noch als klassischer **Volltischler** hinter dem Papierstapel auf seinem Schreibtisch versteckt und sich morgen als **moderner Nomade** vor Ort um seine Kunden kümmert. Er kennt seine Ziele, beherrscht dank moderner Technik seine Prozesse und organisiert seine Arbeit so gut, dass er flexibel da agieren kann, wo er gebraucht wird. Um dahin zu kommen, ist ein Prozess des Umdenkens und der kontinuierlichen Verbesserung notwendig. Der Weg, den wir gehen, ist eher evolutionär als revolutionär. Wir orientieren uns dabei an unserem **6-Level-Modell**, das ich Ihnen kurz erläutern möchte. In jedem Level werden Verschwendungen und Verluste mit unterschiedlichem Fokus systematisch eliminiert."

Abbildung: 6-Level-Modell   Quelle: KAIZEN Institute

„Im **Level 1** geht es darum, eine gute Ausgangsposition durch die Verbesserung der Selbstorganisation zu schaffen. Damit alle hinter der Sache stehen, ist es erforderlich, als Erstes die Menschen für Verschwendung und Verluste zu sensibilisieren. Bitte üben Sie als Vorgesetzte keine Kritik an Missständen, die aufgedeckt werden. Sehen Sie vielmehr Verschwendung und Fehler als *Schätze* und motivieren Sie das Team, auf Schatzsuche zu gehen. Die Mitarbeiter müssen darin geschult werden zu erkennen, was wertschöpfende und was nicht wertschöpfende Tätigkeiten sind.

Bei Kaizen geht es nicht darum, Arbeitsplätze abzubauen, sondern das Arbeiten für alle angenehmer zu machen und die wirtschaftliche Situation des Unternehmens zu verbessern. Dies muss vor Beginn der Aktion allen Mitarbeitern vermittelt werden.

Begonnen wird im Level 1 mit einer *5A-Aktion*. Die 5 A stehen für *Aussortieren, Arbeitsplatz säubern und nur benötigte Dinge einräumen, Arbeitsmittel ergonomisch anordnen, Anordnungen zum Standard machen* und *Alle Punkte einhalten und ständig verbessern.*

Es empfiehlt sich, mit einem Pilotprojekt in einer Abteilung zu starten und gleichzeitig einige Mitarbeiter zu Prozessbegleitern auszubilden. Diese Mitarbeiter können dann später solche Aktionen in anderen Abteilungen durchführen.

Wenn diese Ausgangsposition geschaffen ist, dann sollte sich das Team zusammensetzen und eine *Roadmap* erstellen. Das ist eine Art *Regieanweisung,* in der die Ziele festgelegt werden, wie zum Beispiel: *Was wollen wir in welchem Zeitraum erreichen?*

Einige Wochen nach Abschluss der 5A-Aktion erfolgt die Auditierung. Anhand eines Fragebogens wird überprüft, ob alle Erfordernisse von Level 1 erfüllt sind und ob die erreichten Verbesserungen weiterhin praktiziert werden. Ist dies der Fall, begibt sich das Team in Level 2. Wird das Audit nicht bestanden, muss nachgebessert werden.

Das Ziel im **Level 2** ist die Verbesserung der Zusammenarbeit. Durch klare Kommunikation und einheitliche Standards und Regeln sollen Fehler vermieden, Blockaden aufgelöst und Wartezeiten verkürzt werden. Wichtig ist, dass alle dieselbe Sprache sprechen. Standards erleichtern die Zusammenarbeit. Dazu gehören zum Beispiel einheitliche Formulare, ein einheitliches EDV-Ablagesystem, auf das jeder Zugriff hat, die Zentralisierung der Büromaterialbeschaffung und Einführung eines Kanban-Systems, die Verkürzung von Suchzeiten durch Transparenz und Klarheit.

Das Team legt die Standards und Regeln gemeinsam fest und setzt sie um. Auch hier erfolgt wieder eine Auditierung, bevor der Schritt zum nächsten Level gemacht wird.

Im **Level 3** werden die Arbeitsprozesse unter die Lupe genommen. Durch Prozessverbesserung lassen sich enorme Einsparungen erzielen. Dabei geht es um Dinge wie die Reduzierung der Durchlaufzeiten, die Verbesserung der Schnittstellen, die Minimierung von Papier und die Vermeidung von Medienbrüchen.

Machen Sie Betroffene zu Beteiligten und motivieren Sie durch Lob für gute Ideen zur Prozessverbesserung. Die Methoden, um die Prozesse transparent und damit veränderbar zu machen, sind Prozessmapping und Problemlösungsstories. Je nach Perspektive betrachten wir Teilprozesse oder ganze Geschäftsprozesse. Später können sogar Lieferanten oder Kunden mit in die Verbesserungsworkshops eingebunden werden.

Hat das Team dann **Level 4** erreicht, geht es um die Erhaltung des guten Zustandes durch weitere Optimierung im Team. Visuelles Management und Zielauflösung helfen dabei. Der Verbesserungsprozess muss ständig in Bewegung bleiben, denn Stillstand bedeutet Rückschritt. Die Mitarbeiter sollen sich nicht auf ihren Lorbeeren ausruhen, sondern immer noch besser werden. Ein Ansporn dazu ist das visuelle Management: Kennzahlen werden erfasst und grafisch aufbereitet, Entwicklungen werden aufgezeigt. Anhand einer ständig aktualisierten Teamtafel können sich alle Mitarbeiter jederzeit über den Stand der Dinge informieren. Dies trägt zur Motivation bei.

Die Frage der Zielauflösung: **Wo stehen wir und wo wollen wir hin?** ist auch Thema des Audits. Es können verschiedene Ziele formuliert werden: Unternehmensziele, Bereichsziele, Teamziele und Mitarbeiterziele.

Im **Level 5** übernehmen die Mitarbeiter *volle Verantwortung* und arbeiten *flexibel im Team*. Sicher wird das nicht in allen Bereichen möglich oder sinnvoll sein. In dieser Phase wird über ein neues Raum- und Mobilitätskonzept der Arbeitsplätze mit integriertem Informations- und Kommunikationskonzept nachgedacht. In den meisten Fällen werden weniger Arbeitsplätze benötigt, als Mitarbeiter in der Abteilung beschäftigt sind. Die Arbeitsplätze werden dann je nach momentaner Anforderung belegt und die individuellen Unterlagen mobil in einem Rollcontainer untergebracht.

Wer den **Level 6** erreicht, darf sich zu den Besten zählen. Orientieren Sie sich an den Besten in der Welt und lernen Sie von Ihnen. Übertragen Sie die Methoden und Ideen der „Best in Class" auf Ihren Bereich. Im globalen Wettbewerb ist es wichtig, den anderen immer einen Schritt voraus zu sein. Die Japaner haben dafür den Begriff *DANTOTSU*. Das bedeutet, mit einer viel größeren Überlegenheit und mit einer viel besseren Qualität einen außerordentlichen Status zu erreichen."

Effizio lächelt und fährt fort:

„So viel zu der Vorgehensweise auf dem Weg zu einer neuen Kultur im Verwaltungsbereich. Nun liegt es an Ihnen, meine Damen und Herren, die Weichen für die Zukunft Ihres Unternehmens zu stellen. Vielen Dank für Ihre Aufmerksamkeit."

Es ist für kurze Zeit still. Dann setzt euphorischer Beifall ein. Beim gemeinsamen Mittagessen im Anschluss entbrennt eine angeregte

Diskussion über das Verbesserungspotenzial in der Verwaltung. Nachdem Wolfgang Stern mit leuchtenden Augen erläutert, wie das damals mit der Einführung von Kaizen in der Produktion gelaufen ist und wie sich seither die Situation verbessert hat, verstärkt sich Tims Hoffnung, dass die Geschäftsleitung dem Projekt zustimmen wird.

Eine Woche später ruft Dieter Kardan Tim zu sich ins Büro und teilt ihm mit, dass die Geschäftsleitung beschlossen hat, *Office Excellence* nach dem 6-Level-Modell einzuführen. Zunächst soll ein Pilotprojekt in der Abteilung Vertrieb in Angriff genommen werden. Beginn: so schnell wie möglich.

Tim Tacho wird als Beauftragter für *Office Excellence* vom Tagesgeschäft freigestellt. Die Kollegen Steuer und Lenk übernehmen für die nächste Zeit seine Aufgaben. Es steht ein Etat für das Projekt zur Verfügung, und es wird befürwortet, Eugen Effizio als externen Berater zu engagieren, um den Verbesserungsprozess ins Rollen zu bringen.

Tim ist überglücklich, spürt förmlich, dass es bald große Veränderungen zum Positiven geben wird. Er vereinbart gleich mit Eugen Effizio einen Termin zur Besprechung der Vorgehensweise.

Was die Kollegen davon halten

Natürlich kann Tim die gute Nachricht nicht für sich behalten. Beim Mittagessen erzählt er seinen Kollegen voller Freude die guten Neuigkeiten. Doch die Reaktion seiner *Leidensgenossen* verblüfft und verwirrt ihn.

„Was soll das denn, wir sind doch gut organisiert. Das ist doch wieder so ein Hirngespinst von denen da oben!", erbost sich die Sachbearbeiterin Elke Müller.

„Was soll des sei, *KOI SENN* – ja, des macht doch wirklich koin Sinn", witzelt der Kollege Martin Schräuble auf Schwäbisch.

„Wir stecken doch bis über beide Ohren in Arbeit und haben keine Zeit für solche Scherze. Was sollen wir denn noch alles machen?", fragt die Disponentin Sandra Schwarz.

„Ich sag's euch, die wollen nur rationalisieren und Arbeitsplätze abbauen", unkt der ansonsten wortkarge Kurt Spiegel, der glaubt, sich durch sein individuelles, schwer durchschaubares Ablagesystem unentbehrlich gemacht zu haben.

„Oje", denkt Tim, „die haben ja überhaupt nicht begriffen, worum es geht."

Da die Mittagspause zu kurz ist, um sich auf weitere Diskussionen einzulassen, beschließt er, sich vorerst zurückzuhalten und das Problem der fehlenden Akzeptanz im Team in der nächsten Woche mit Effizio zu besprechen.

Zum Glück hat seine Gattin Thea mehr Verständnis, als er ihr am Abend von seinem Erfolg erzählt. Sie sieht einen Silberstreif am Horizont und hofft, dass ihr Gatte irgendwann einmal wieder mehr Zeit für seine Familie haben wird. Dafür ist sie auch bereit zu akzeptieren, dass er sich in den nächsten Wochen für sein Projekt auch über die normale Arbeitszeit hinaus engagiert.

Besprechung mit Effizio

Bei der Besprechung mit Eugen Effizio sind auch Geschäftsführer Drehrad, Verwaltungsleiter Dr. Ordner, Dieter Kardan und alle Bereichsleiter Vertrieb dabei. Tim redet sich erst einmal seinen Kummer der mangelnden Begeisterung seiner Kollegen von der Seele. Doch Effizio kann ihn beruhigen: „Das ist normal, dass nicht alle mit Begeisterung dabei sind. Doch die meisten Menschen bekommt man mit einem 5-A-Workshop ins Boot, wenn sie erst einmal sehen, was sie alles bewegen dürfen und können."

Er erklärt die Vorgehensweise: „Es ist gut, dass die Abteilung Vertrieb als Pilotprojekt ausgewählt wurde. Die Größenordnung von etwa 30 Mitarbeitern ist optimal für einen Workshop." Tim nickt zustimmend.

„Wir müssen die Menschen davon überzeugen, dass jetzt einfach der Anfang gemacht werden muss", sagt Effizio. „Sicher werden die jammern und sagen, sie hätten keine Zeit. Dazu ein Beispiel: Stellen Sie sich vor, es ist ein Loch im Zaun eines Hühnergeheges. Der Bauer muss die Hühner immer wieder einfangen. Was würden Sie an seiner Stelle tun: die Hühner ständig wieder einfangen oder den Zaun reparieren?"

„Natürlich muss er den Zaun reparieren", sagt Tim. „Das ist ein gutes Beispiel. Wir müssen wirklich dringend die Löcher in unserem Zaun stopfen. Doch wie läuft so ein Workshop konkret ab?"

Effizio erklärt: „In einer kurzen theoretischen Einführung werde ich das Team für das Erkennen von Verschwendung sensibilisieren. Dann gehen wir direkt an **Gemba** und beobachten die tatsächlichen Abläufe. Ich schlage vor, dass wir dazu zwei Gruppen bilden. Während die erste Gruppe den Geschäftsbetrieb am Laufen hält, wird die andere Gruppe einen halben Tag geschult und macht ihre Beobachtungen direkt am Arbeitsplatz. Am Nachmittag tauschen wir dann die Gruppen. Mit den daraus gewonnenen Erkenntnissen gehen wir am folgenden Tag an die Umsetzung. Was Sie vorbereiten sollten: Stellen Sie eine Fläche auf dem Werksgelände bereit, wo die aussortierten Dinge gesammelt werden. Wir benötigen einige Müllcontainer, um getrennt Papier, Restmüll und Elektroschrott zu sammeln. Ideal ist es, wenn die Sammelstelle dort ist, wo viele Mitarbeiter vorbeikommen, also am besten im Eingangsbereich oder auf dem Weg zur Kantine. Dann bekommen alle mit, dass hier etwas passiert, und Sie haben eine gute PR im eigenen Haus."

„Ich schätze, dass sich unser Plan nicht während der Regelarbeitszeit umsetzen lässt", sagt Tim. „Deshalb schlage ich vor, dass wir für den Workshop einen Freitag für die Einführung nehmen und am

Samstag in Aktion gehen. Das werden die Leute akzeptieren, da sowieso Überstunden an der Tagesordnung sind."

Effizio begrüßt die Idee und weist darauf hin, dass das mit den Überstunden in Zukunft ein Ende haben wird, wenn erst einmal die Prozesse optimiert sind. Er fährt fort:

„Bevor wir ins Paradies des überstundenfreien Arbeitens kommen, müssen wir zuerst einiges an Arbeit investieren. Aber Sie werden sehen: es lohnt sich. Und nun noch einige praktische Hinweise: Was Sie unbedingt benötigen, ist eine Digitalkamera. Halten Sie den momentanen Zustand in Bildern und Videos fest und dokumentieren Sie die Entwicklung. Die Fotos können Sie mit ZDF – also Zahlen, Daten, Fakten – ergänzen und zu einer Erfolgsstory verarbeiten. Zur Visualisierung der Ziele und der erreichten Erfolge benötigen Sie Infotafeln, die Sie in der Abteilung, aber auch an öffentlichen Stellen anbringen. Sie werden sich wundern, wie schnell die Skeptiker überzeugt werden und wie eine positive Stimmung aufkommt. Außerdem macht dies die beteiligten Mitarbeiter stolz und trägt zur Motivation bei."

„Das klingt alles sehr viel versprechend", sagt Geschäftsführer Drehrad. „Ich werde auf jeden Fall mit dabei sein und beim Ausräumen helfen. Und dann nehme ich auch gleich meinen eigenen Schreibtisch unter die Lupe. Der Häuptling sollte doch mit gutem Beispiel vorangehen, oder?"

„Ganz richtig", sagt Effizio, „das Modell kann nur funktionieren, wenn die Geschäftsleitung wirklich dahinter steht."

Jetzt geht es los!

Ein Termin für den zweitägigen Workshop ist gefunden. Pünktlich um acht Uhr trifft sich die erste Gruppe im Schulungsraum.

Effizio beginnt mit einem Spiel. Dazu sucht er zwei Freiwillige. Nach einigem Zögern melden sich Elke Müller und Martin Schräuble. Sie sitzen sich gegenüber. Beide müssen dieselbe Aufgabe bewältigen. Die Anweisung dazu und die entsprechenden Utensilien finden sie in jeweils einem Koffer, der vor ihnen steht. Beide öffnen gleichzeitig ihren Koffer. Elke Müller findet darin geordnet und übersichtlich Büromaterial wie Papier, Stifte, Locher, Tacker, Schere, Klebestift etc. Im Deckel des Koffers klebt eine gut gegliederte Anweisung, was sie zu tun hat.

Schräuble findet die gleichen Gegenstände. Jedoch liegt bei ihm alles kreuz und quer im Koffer. Die Anweisung, was zu tun ist, findet er auf einem zerknitterten Blatt, unstrukturiert als zusammenhängender Text geschrieben.

Zusätzlich befinden sich in seinem Koffer noch Stifte, die nicht funktionieren, und unnötige Dinge wie Schrauben, Fotos, Plastikfiguren und alte Zeitschriften.

Beide machen sich sofort an die Arbeit. Die Aufgabe ist, einige Grundsätze auf ein Blatt Papier zu schreiben, dieses zu lochen, zu heften und in ein Briefkuvert mit Adressanschrift zu stecken.

Elke Müller ist viel schneller fertig als Martin Schräuble und erhält dafür den Beifall der Kollegen. Nun bittet Effizio um eine Analyse des Beobachteten.

Die Zuschauer sind sich einig, dass es die Siegerin viel einfacher hatte, da ja im Koffer alles geordnet und ihre Anweisung klar und übersichtlich war. Schräuble hatte ein Chaos im Koffer, eine unübersichtliche Anweisung und zudem noch Stifte, die nicht funktionierten.

„Gut beobachtet", sagt Effizio und fragt: „Und wie sieht das an Ihrem Arbeitsplatz aus? Ist dort auch alles übersichtlich geordnet, ohne zusätzlichen Ballast, und haben Sie klare Arbeitsanweisungen?" Er schaut in die betroffenen Gesichter und sagt:

„Nun, das wollen wir heute gemeinsam herausfinden. Deshalb gehen wir jetzt an *Gemba*, wie die Japaner sagen, also direkt an den Arbeitsplatz. Dort werden wir *Gembutsu*, die realen Dinge, beobachten und nach *Muda*, das heißt Verschwendung, suchen.

Und dann machen wir alle gemeinsam *Kaizen*.

Kai bedeutet Veränderung, **Zen** zum Guten. Ab sofort wollen wir uns nämlich ständig verbessern. Dieses Ziel dürfen Sie nie wieder aus den Augen verlieren!"

Die Gruppe begibt sich ins Großraumbüro, wo die anderen in die Arbeit vertieft sind. Auf Effizios Anweisung verteilen sich die Workshop-Teilnehmer und machen Beobachtungen. Dabei ist es das Ziel, auf Muda (Verschwendung), Mura (Abweichung, Unstetigkeit) und Muri (Überbelastung) zu achten. Eine Stunde später treffen sie sich wieder und berichten von ihren Beobachtungen. Eugen Effizio erfasst die Aussagen der Mitarbeiter auf dem Flipchart. Folgende Punkte sind dem Team aufgefallen:

• Bei der Suche nach Büromaterial wurden mehrere Schränke geöffnet, bis der gesuchte Artikel gefunden wurde.
• Manche Kollegen waren nicht am Platz, und keiner wusste, wo sie waren. Das Telefon klingelte durch, und sie wurden von mehreren Personen gesucht.
• Beim Anruf eines Kunden benötigte ein Sachbearbeiter drei Minuten, um den entsprechenden Vorgang zu finden und Auskunft geben zu können.
• Eine Mitarbeiterin wollte sich von einem Telefongespräch Notizen machen, und erst der dritte Kugelschreiber, den sie aus ihrer Schublade nahm, funktionierte.
• Ein Sachbearbeiter wollte ein E-Mail beantworten und wurde dabei vier Mal durch das Klingeln des Telefons unterbrochen.
• Alle Arbeitsplätze sind relativ eng, da sie mit vielen Ordnern und Regalen **zugeparkt** sind. Teilweise findet man identische Informationen an mehreren, direkt benachbarten Arbeitsplätzen.
• Es gibt relativ viele Telefonate, bei denen Kunden beruhigt oder vertröstet werden.
• Büromaterial wird an mehreren Stellen bevorratet. Dadurch fehlt der Überblick, und es kommt zu Engpässen bzw. Überbevorratung. So wurde zum Beispiel versehentlich zweimal eine Palette

Briefpapier bestellt, das nun zur Lagerung an verschiedenen Stellen verteilt wurde.

„Das sind ja schon jede Menge Informationen", stellt Effizio fest. „Sehen Sie die Verschwendung, die in diesen beobachteten Tatsachen steckt?

Die Verschwendung sitzt in den hohen Beständen, die Firmenkapital binden. Auch Suchzeiten sind Verschwendung. Überlegen Sie mal, wie viel Zeit jeder Mitarbeiter mit Suchen verbringt. Da kommen schnell pro Tag einige Stunden und pro Jahr einige Wochen zusammen. Diese Arbeitszeit wird bezahlt, ohne dass eine Wertschöpfung stattgefunden hat.

Der Kunde ist jedoch nur bereit, bei der Fertigung seiner in Auftrag gegebenen Teile für Prozesse zu bezahlen, die auch wertschöpfend sind.

Ist es zum Beispiel wertschöpfend, fünf Schranktüren zu öffnen, um das gesuchte Briefpapier zu finden? Mit Sicherheit nicht. Ebenso wenig wie das Suchen nach Vorgängen oder das Lesen überflüssiger E-Mails."

Alle lauschen Effizio und müssen zugeben, dass sie das Ganze so noch gar nicht betrachtet haben.

Effizio fährt fort: „In dieser einen Stunde der Beobachtung haben Sie ja schon einiges an Verschwendung und Problematik aufgedeckt. Bitte betrachten Sie diese Probleme als *Schätze*.

Nur durch das Aufspüren dieser Schätze kann verschwendetes Firmenkapital gerettet werden. Dadurch wird die Wettbewerbsfähigkeit der Firma Drehrad erhalten, und Ihre Arbeitsplätze werden gesichert. Sie werden merken, dass sich durch Kaizen zwar Ihre Arbeitsweise ändern wird, aber die Arbeit wird nicht weniger. Sie werden nur Ihre Energie mehr in wertschöpfende Tätigkeiten stecken und mit den freigesetzten Ressourcen bessere Qualität in kürzerer Zeit liefern. Dadurch wird sich die Kundenzufriedenheit erhöhen.

Also gehen Sie ab sofort auf *Schatzsuche* und verbessern Sie sich ständig. Morgen werden wir mit Hilfe unserer 5A-Kampagne eine gute Ausgangsbasis für weitere Verbesserungen schaffen."

Die Teilnehmer der ersten Gruppe widmen sich wieder ihrer Arbeit, und die zweite Gruppe erscheint zum Workshop, der ähnlich abläuft.

Auf Schatzsuche

„Guten Morgen, meine Damen und Herren, heute wollen wir Ihre Arbeitsplätze näher unter die Lupe nehmen", begrüßt Eugen Effizio am nächsten Tag die Gruppe. „Ich nenne unsere heutige Aktivität gerne auch **Aktion Enterprise**, denn wir stoßen an Ihren Arbeitsplätzen in Galaxien vor, in denen noch nie zuvor ein Mensch gewesen ist."

Alle folgen ihm zu Tim Tachos Arbeitsplatz. Tim hatte sich bereit erklärt, seinen Schreibtisch als Anschauungsobjekt für den Start zur Verfügung zu stellen. Effizio fragt nach, ob sich Tim das gut überlegt hat. Dieser nickt, und Effizio öffnet nacheinander sämtliche Schreibtischschubladen und befördert deren Inhalt auf die letzte freie Fläche auf der Tischplatte.

„Nun schauen Sie sich das mal an", sagt er, „wir haben es hier mit einem typischen Hamster zu tun!" Er zählt laut: 28 Kugelschreiber, neun Bleistifte, zwei Locher, ein Hefter, zwei Scheren, drei Radiergummis, zwei Anspitzer und fünf Zettelblocks. Er zeigt nacheinander Werbegeschenke wie Büroklammernhalter oder Uhren mit diversen Firmenaufdrucken, einige Medikamente mit abgelaufenem Verfallsdatum, Geldmünzen, Gummibärchen, diverse Sorten Klarsichthüllen, Heftstreifen, Briefpapier (teilweise noch mit alter Postleitzahl), Klebeband, eingetrockneten Klebestift, eingetrocknetes Tipp-Ex, ausgeschnittene Zeitungsnotizen und eine abgeschnittene Krawatte. Dazwischen wurde reichlich Staub zu Tage gefördert und Kleinteile wie Kugelschreiberminen, Büroklammern und Heftklammern unterschiedlichster Größe.

Dann öffnet Effizio den Aktenschrank. Neben zahlreichen Ordnern findet er auch dort ein Sammelsurium teilweise nutzloser Gegenstände: Musterteile aus der Produktion, Werbegeschenke, Ablagekörbe, gefüllt mit diversen Prospekten, alte Kataloge und Telefonbücher. „Wie oft benutzen Sie diese Ordner?", fragt er Tim Tacho. Dieser gibt kleinlaut zu, dass er selten etwas aus diesem Schrank benötigt. Der Ordner mit den laufenden Vorgängen steht auf seinem Schreibtisch.

Effizio öffnet einen Ordner aus dem Schrank und findet darin ein Originaldokument aus dem Jahre 1952. „Schön, dass diese Unterlagen so lange erhalten geblieben sind", sagt er, „aber was hat dieses museumsreife Dokument hier im täglich genutzten Bürobereich zu suchen?" Allgemeine Erheiterung und betroffenes Schweigen bei Tim, der zugeben muss, dass dies noch ein Erbstück von einem seiner Vorgänger ist.

„Gut, machen wir uns an die Arbeit", sagt Effizio. „Bitte gehen Sie jetzt an Ihren Arbeitsplatz und fangen Sie an mit **A wie Aussortieren**. Im Hof stehen Container für die Entsorgung von Müll. Bitte achten Sie auf die Trennung von Papier, Kunststoff, Elektroschrott und Restmüll. Gehen Sie nach folgendem Schema vor:

- Was nicht mehr benötigt wird: entsorgen.
- Bei Dokumenten: gesetzliche Aufbewahrungsfristen beachten. Was nicht aktuell am Arbeitsplatz benötigt wird, aber aufbewahrt werden muss, wandert ins Archiv.
- Schreibtischschubladen entleeren, Schreibgeräte, Klebestifte etc. auf Funktionsfähigkeit prüfen. Nur behalten, was noch in Ordnung ist und wirklich benötigt wird. Denken Sie daran: weniger ist mehr!
- Büromaterial, das noch verwendet werden kann, der Wiederverwertung zuführen. Dafür haben wir draußen eine Sammelstelle eingerichtet.

- Überflüssig gewordene Schränke, Regale, Schreibmaschinen, Computerzubehör etc. zur dafür eingerichteten Sammelstelle bringen.
- Alle Schränke, Schubladen, Schreibtische etc. sauber machen.

Wenn Sie sich nicht sicher sind, stellen Sie sich die Frage: Was ist der Zweck meiner Tätigkeit? Lassen Sie einfach alles weg, was dem Zweck Ihrer Tätigkeit nicht nützt. Sie werden sich wundern, was Sie alles nicht mehr benötigen.

Dann kommt das zweite **A wie Anordnen**:

Räumen Sie die verbliebenen Dinge ein und ordnen Sie diese neu an.
Dabei die Kriterien Verfügbarkeit, Zugriffszeit und Übersichtlichkeit beachten. Gestalten Sie Ihren Arbeitsplatz ergonomisch, wie in einem Flugzeugcockpit.

Vergessen Sie nicht die allgemeinen Schränke, den Kopierbereich, den Technikraum und die Kaffee-Ecke. Wer an seinem Arbeitsplatz fertig ist, macht bitte dort weiter.

So, nun wünsche ich frohes Schaffen und gebe das Wort an Herrn Drehrad, der Ihnen etwas mitteilen möchte."

Manfred Drehrad, der kurz den Raum verlassen hatte, erscheint mit einer japanischen Lampe aus Reispapier. „Sehr geehrte Damen und Herren, zunächst einmal herzlichen Dank, dass Sie sich bereit erklärt haben, einen Tag von Ihrem Wochenende zu opfern. Es ist schön, dass es uns möglich ist, gemeinsam etwas für die Zukunft unseres Unternehmens zu tun.
Wie Sie wissen, kommt der Begriff *Kaizen* aus Japan. Deshalb überreiche ich der Vertriebsabteilung heute als Symbol diese Laterne, damit Sie immer das Licht am Horizont sehen. Nach erfolgreicher Durchführung der 5A-Aktion reichen Sie, Herr Kardan,

bitte die Laterne weiter an einen anderen Bereich mit der Aufforderung, es Ihnen gleichzutun und den Weg zur *Office Excellence* zu ebnen." Kardan nimmt die Laterne in Empfang, und Drehrad fährt fort: „Damit es Ihnen allen leichter fällt, sich von unnötigem Ballast zu trennen, haben wir von der Geschäftsleitung beschlossen, eine Prämie für die aussortierten Dinge zu bezahlen. Das Geld wird für einen guten Zweck gespendet, den Sie bestimmen dürfen. Hier sehen Sie unser Prämienmodell."

Tim projiziert eine Tabelle auf die Leinwand:

Aussortierte Gegenstände	Prämie
Pro 10 kg Papier	1 Euro
Pro kg Büromaterial (wieder verwertbar)	2 Euro
Pro freigewordenem Ordner	0,50 Euro
Pro frei gewordenem Elektrogerät/Computer	5 Euro
Pro frei gewordenem, wieder verwertbaren Möbelstück	50 Euro

Manfred Drehrad fährt fort: „Also seien Sie großzügig und trennen Sie sich von allem, was Ihnen für Ihre Arbeit nicht von Nutzen ist. Und nun gehen wir gemeinsam ans Werk."

Wie die Ameisen

Nach kurzer Zeit gleicht das Großraumbüro einem Ameisenhaufen. Die Mitarbeiter bringen Ordner und Papierstapel mit den bereitgestellten Rollwagen nach draußen. Die Abfallcontainer füllen sich nach und nach. Eimer und Lappen sind plötzlich Mangelware und werden herumgereicht. „Erzählt aber nur nicht meiner Frau, dass ich so gut putzen kann", sagt Frank Hintermann, der gerade seinen Schreibtisch schrubbt „sonst muss ich das zu Hause auch noch machen." „So, du stellst dich also daheim nur blöd, damit du nicht helfen musst", neckt ihn Kollegin Müller.

Bald hat auch der Hausmeister alle Hände voll zu tun und hilft beim Abtransport überflüssig gewordener Möbel. Manfred Drehrad, der heute seinen Anzug gegen Jeans und Sweatshirt getauscht hat, packt kräftig mit an.

„Hätte ich gar nicht gedacht, dass der Boss so schaffen kann", flüstert Schräuble dem Kollegen Spiegel zu.

„Dem scheint diese Aktion ja wirklich wichtig zu sein", meint dieser, „mal sehen, was dabei herauskommt!"

An den Papiercontainern und der Sammelstelle für Büromaterial steht jeweils eine Waage. Die freiwilligen Helfer Dr. Bernd Ordner und Anette Feder nehmen die aussortierten Sachen in Empfang und erfassen das Gewicht bzw. die Stückzahlen gleich in einer Liste.

Tim Tacho hat an seinem Arbeitsplatz unglaubliche Mengen an Papier, Ordnern und anderen unnützen Dingen aussortiert und abtransportiert. Nachdem er alles sauber gemacht hat und die verbliebenen Dinge neu ordnet, stellt er fest, dass ein kompletter Schrank überflüssig geworden ist. Er lässt sich vom Hausmeister beim Abtransport helfen. Dann überlegt er, wie er das Layout seines Arbeitsplatzes neu anordnen kann. Effizio kommt ihm zur Hilfe. Auf dessen Rat hin entschließt er sich für eine U-förmige Anordnung. So hat er alle wichtigen Unterlagen im Greifradius. Die aktuellen Vorgänge, die bisher als Papierstapel auf seinem Schreibtisch oder in Ablagekörben lagen, sortiert er jetzt übersichtlich in deutlich beschrifteten Hängemappen. Diese bringt er in dem dafür vorgesehenen Fach an seinem Schreibtisch unter, das er bisher zweckentfremdet als *Chaosschublade* genutzt hatte. Zufrieden schaut er sich an seinem neuen Arbeitsplatz um.

„Jetzt ist nicht mehr alles so eng, und ich habe wieder richtig Luft zum Atmen", sagt er zu Effizio. „Nun wollen wir mal schauen, wie es den Kollegen ergangen ist, und noch ein paar Fotos machen. Gestern habe ich alle Arbeitsplätze im alten Zustand fotografiert. Am Wochenende werde ich die Bilder auswerten und eine kleine

Dokumentation erstellen. Dann sehen unser Team und die Leute aus den anderen Abteilungen, was wir geleistet haben."

„Das ist gut", sagt Effizio. „Wir sollten außerdem dem Kind einen Namen geben, damit sich die Menschen noch besser damit identifizieren können. Ein hausinternes Logo für das Projekt ist ebenfalls hilfreich für das interne Marketing."

Tim nickt, und Effizio fährt fort: „Der Radhersteller Trettel AG zum Beispiel nennt das Programm zur Büroeffizienz **Rad und Tat**, und das Logo ist eine lustige Comic-Figur auf dem Fahrrad."

Das Kind braucht einen Namen

„Mittagspause", ruft Manfred Drehrad durch den Raum. „Bitte kommen Sie alle mit in die Kantine. Wir laden Sie heute zum Essen ein." Das muss er nicht zweimal sagen. Mit großem Appetit bedienen sich alle an dem bereitgestellten Buffet. Nach dem Essen bitten Tim Tacho und Eugen Effizio noch kurz um Aufmerksamkeit. Sie loben den tollen Einsatz des gesamten Teams und den bereits erzielten Fortschritt. Effizio bittet darum, dass sich alle Gedanken über die Einrichtung der gemeinsam genutzten Bereiche und über gemeinsame Standards machen.

„Dann habe ich noch eine Bitte", sagt Tim Tacho. „Wir brauchen einen Namen für unsere Aktivitäten, der gleichzeitig Motto und Leitmotiv sein soll, für alle leicht verständlich ist und durch ein passendes Logo visualisiert wird. Sicher haben Sie einige gute Ideen dazu. Vorschläge bitte bei mir abgeben." Diese Idee gefällt Manfred Drehrad, und er verspricht als Prämie für den besten Namen eine Jahreskarte für das ortsansässige Spaßbad.

Mit frischen Kräften geht es nach der Mittagspause weiter. Nach und nach lichtet sich das Chaos. Mit Unterstützung von Eugen Effizio und Tim Tacho ordnen die Mitarbeiter ihre Arbeitsplätze neu. Dabei berücksichtigen sie einen schnellen Zugriff auf wichtige Dinge und eine ergonomische Anordnung. Etliche Möbelstücke wurden aussortiert, und die frei gewordenen Flächen sorgen für eine bessere Atmosphäre im Raum. Eugen Effizio schlägt vor, einen Teil der Trennwände zwischen den Arbeitsplätzen zu entfernen. „Das bringt mehr Licht in den Raum und verbessert die Kommunikation", verspricht er. Und er hat Recht damit.

Aus Niemandsland werden blühende Räume

Dass es oft die einfachen Dinge sind, die das Leben leichter machen, zeigt das Beispiel des Technikraumes. Eine Art Rumpelkammer, wo der Kopierer, verschiedene gemeinschaftlich genutzte Drucker und das Herz der EDV, der Server, stehen.

Hier wurde allerhand *Müll* gestapelt, der sonst nirgendwo Platz findet. Insgesamt macht der Raum einen chaotischen und ungepflegten Eindruck. Effizio bemerkt sofort, dass es sich bei diesem Raum um *Niemandsland* handelt, für das sich niemand zuständig fühlt. Zuerst wird auch hier ausgemistet. Leere Kartons, PC-Verpackungen und eine defekte Kaffeemaschine wandern in die Müllcontainer. Zwei Schreibmaschinen, ein PC-Bildschirm, etliche Kabel und PC-Mäuse wandern zur Sammelstelle für Büromaterial. Dann schlägt Tim Tacho vor, die Geräte so anzuordnen, dass Kopierer und Drucker im Eingangsbereich stehen, da diese am häufigsten benutzt werden. Daneben das Regal, welches in Zukunft als Vorratslager für Papier, Toner und Druckerpatronen verwendet werden soll. Der Server wandert nach hinten in die Ecke. Ein Schrank, der bisher die Vorräte beinhaltete, wird aus dem Raum entfernt, so dass man nun Bewegungsfreiheit hat.

Effizio empfiehlt, einen Paten für diesen Raum zu benennen, der hier ab und zu nach dem Rechten schaut und für Ordnung sorgt. Anja Lausch, deren Arbeitsplatz nicht allzu weit von dem Raum entfernt ist, meldet sich freiwillig als Patin.

Schräuble fragt gleich, ob die Patin dann den Toner und die Druckerpatronen bei Bedarf auswechselt, da er sich damit immer schwer tut.

„Nein", sagt Effizio, „wir wollen ja nicht alles auf Frau Lausch abwälzen. Dafür gibt es eine andere Lösung. Wir werden so genannte **One Point Lessons** anfertigen und direkt bei den Geräten anbringen. Das sind bebilderte Kurzanweisungen, die klar und deutlich beschreiben, wie man den Toner am Kopierer oder eine Druckerpatrone erneuert. Dann kann jeder, auch wenn er diese Tätigkeit nicht so oft verrichtet, die Geräte rasch wieder in Gang setzen. Das ist doch fair, oder?" Schräuble nickt, und die anderen stimmen ihm zu.

Der Technikraum ist auf Vordermann gebracht. Nun geht es zur Kaffee-Küche. Hier redet sich Tim Tacho seinen Frust von der Seele. „Das ist auch so ein Bereich, für den sich niemand zuständig fühlt. Wie es hier schon wieder aussieht! Es ist kaum noch eine saubere Tasse im Schrank, und das benutzte Geschirr wird einfach hier abgestellt. Viel zu selten kommt jemand auf die Idee, die Spülmaschine einzuschalten. Und schon oft musste ich meinen Kaffee schwarz trinken, da Zucker und Milch alle waren."

Tim schaut in die Runde und sieht betroffene Gesichter, teilweise ein zustimmendes Nicken.

„Schon wieder ein typisches Niemandsland", bemerkt Effizio. „Aber das werden wir ändern. Ich schlage vor, dass sich alle im wöchentlichen Wechsel um die Kaffeeküche kümmern. Wir werden die Tätigkeiten genau beschreiben und aushängen, z.B. Spülmaschine starten und Kaffeemaschine reinigen. Und ab sofort wird jeder sein schmutziges Geschirr in die Spülmaschine einräumen. Was den Nachschub an Milch, Zucker, Kaffee und Getränken angeht, werden wir ein Kanban-System einführen. Das heißt, es wird ein Mindestbestand definiert und direkt am Lager eine Karte mit den notwendigen Angaben wie Bestellmenge, Marke, Lieferant, Preis hinterlegt. Wer bei der Entnahme auf diese Karte stößt, gibt sie weiter an die für die Bestellung zuständige Person. Bevor wir das alles organisieren, müssen wir auch hier erst einmal unbenötigte Dinge aussortieren und Ordnung schaffen."

Alle sind sich einig, dass das eine gute Lösung ist. Nur Kurt Spiegel wendet ein, dass er keine Ahnung habe, wie man eine Spülmaschine bediene, da sich zu Hause immer seine Frau um solche Dinge kümmere.

„Kein Problem", meint Effizio, „wir werden eine **One Point Lesson** über das Bedienen der Spülmaschine anbringen. Außerdem haben wir hier eine schöne Fläche für eine Magnettafel. Wir werden alle vom Team fotografieren, und an der Tafel hängt dann immer das Foto des zuständigen Paten. Das erinnert jeden an seine Pflicht, und alle sehen, wer für den momentanen Zustand der Kaffeeküche verantwortlich ist." Tim Tacho ist zufrieden und sieht Licht am Horizont.

Die Zeit ist fortgeschritten, und die ersten drei A (Aussortieren, Arbeitsplatz säubern und nur benötigte Dinge einräumen, Arbeitsmittel ergonomisch anordnen) sind erledigt. Effizio weist darauf hin, dass das vierte und fünfte A (Anordnungen zum Standard machen und Alle Punkte einhalten und ständig verbessern) nun die Aufgaben der nächsten Zeit sein werden. „Auf jeden Fall haben Sie alle gute Arbeit geleistet und heute viel bewegt", stellt Effizio anerkennend fest. „Aber haben Sie nicht vergessen, ein Möbelstück auszusortieren, das Sie beim Arbeiten mehr behindert, als es Ihnen nützt?"

Fragende Blicke richten sich auf Effizio. Dieser legt eine bedeutungsvolle Pause ein und löst dann das Rätsel auf: „Es ist die lange Bank. Sie sollten diese noch schnellstens von Ihrem Arbeitsplatz entfernen, damit Sie nichts mehr darauf schieben können! Lassen Sie in den nächsten Wochen Ihre neue Arbeitsumgebung auf sich wirken. Optimieren Sie noch einige Dinge und notieren Sie, was Ihnen auffällt. Eine wichtige Kaizen-Regel ist, die Dinge sofort zu tun. Wenn Sie eine gute Idee haben oder sehen, wo noch etwas zu tun ist, dann handeln Sie bitte sofort." Effizio notiert auf dem Flipchart:

Eine 80-Prozent-Lösung, die umgesetzt wird, ist viel mehr wert, als das Warten auf die 100-Prozent-Lösung, die nie realisiert wird.

Dann fährt er fort: „Seien Sie experimentierfreudig und verwirklichen Sie die stetige Verbesserung in kleinen Schritten. Das Schöne dabei ist, dass sich ein kleiner Schritt – falls er sich nicht bewährt – schnell wieder rückgängig machen lässt. Herr Tacho wird Ihnen mit Rat und Tat zur Seite stehen. Wir sehen uns wieder in etwa sechs Wochen zum Audit. Dann werden wir nochmals gemeinsam den Stand der Dinge unter die Lupe nehmen. Anhand eines Fragebogens wird ein Team überprüfen, ob Sie alle Anforderungen für Level 1 der *Office Excellence* erfüllen. Ich bin davon überzeugt, dass Sie das Audit auf Anhieb bestehen werden. Und dann starten wir mit Level 2. Bis dahin gibt es noch einiges zu tun, zum Beispiel den unsichtbaren Müll von den PC-Festplatten entfernen. Durch eine einheitliche Verzeichnisstruktur und zum Teil gemeinsame Ablage werden Sie mehr Transparenz schaffen und die Suchzeiten verringern. Tim Tacho wird Sie dabei in den nächsten Wochen begleiten. Und nun wünsche ich Ihnen ein schönes Wochenende. Tschüs und bis bald."

Erschöpft, aber befreit machen sich die Mitarbeiter auf den Nachhauseweg. Zuvor versammeln sich alle noch mal draußen bei den Containern und bestaunen die riesigen Mengen an Papier und Ordnern, die aussortiert wurden. Auch die Menge der freigesetzten Büromöbel und des wieder verwertbaren Büromaterials ist wirklich beeindruckend.

Die meisten sind schon auf dem Heimweg – nur Tim Tacho, Eugen Effizio und Dr. Bernd Ordner machen nochmals einen Rundgang und setzen sich kurz zusammen. Sie sind sich einig, dass die Aktion ein voller Erfolg war.

„Wir werden mittelfristig die Einführung von Kaizen in der ganzen Verwaltung anstreben", sagt Dr. Ordner. „Ziel sollte es sein, dass alle Mitarbeiter den Level 4 erreichen und einige Top-Leute vielleicht sogar Level 5 oder 6."

Effizio bestätigt, dass dies ein guter Ansatz ist, und schlägt vor, schnellstmöglich eine *Roadmap* zu erarbeiten. Dr. Ordner beschließt, dass bei der für nächste Woche angesetzten Gremiumssitzung das Thema *Roadmap* gleich auf die Tagesordnung kommt.

„Und denken Sie daran: ZDF statt ARD", sagt Effizio. Auf die fragenden Blicke erklärt er: „**Z**ahlen, **D**aten, **F**akten statt **A**lle **R**eden **D**avon. Also immer Kennzahlen erfassen, am besten Vorher-Nachher-Vergleiche anführen. Das wird nämlich oft vergessen."

Dank der Mithilfe von Frau Feder und Herrn Dr. Ordner hat Tim bereits alle ZDF vorliegen. Er will die Zahlen bis zum Montag erfassen und optisch aufbereiten. Effizio verabschiedet sich. Tim macht sich müde, aber glücklich und zufrieden auf den Heimweg.

Vorsicht: Ansteckungsgefahr

Zu Hause wird Tim schon von seinem Junior und seiner Gattin erwartet. Beim Abendessen erzählt er begeistert, was er heute alles erlebt hat. Danach überträgt er sofort seine Fotos und Videosequenzen von der Digitalkamera auf sein Notebook und führt die Bilder vor. „Das ist ja besser als Fernsehen", sagt Thea und ist beeindruckt von der Betriebsamkeit, die sogar auf den Fotos zu erkennen ist. Staunend betrachtet sie die Aufnahmen von den überquellenden Containern, den Ordnerbergen und den ausrangierten Möbeln. „Donnerwetter, das sind ja enorme Werte, die da brach lagen", meint sie.

„Ja, aber fast noch schlimmer als die Verschwendung durch die im Lauf der Jahre gehorteten Dinge ist die Tatsache, dass durch zuviel unnötigen Kram der Überblick verloren geht", erwidert Tim. „Du musst dir mal überlegen, was die erhöhten Suchzeiten durch mangelnde Transparenz bei allen Mitarbeitern täglich kosten. Und den zusätzlichen Platzbedarf für Schränke, Regale etc. gibt es ja auch nicht zum Nulltarif."

Am Sonntagmorgen sorgt Söhnchen Marco dafür, dass der Tag früh beginnt. Beim Frühstück kündigt Tim an, dass er den Vormittag gerne zum Arbeiten nutzen möchte, damit er seinem Team am Montag gleich die visuelle Darstellung des erzielten Erfolges präsentieren kann. Er fragt besorgt, ob Thea etwas dagegen hat, und verspricht ihr als Entschädigung eine Einladung zum Italiener. Thea hat nichts dagegen, ihr kommt dieser Vorschlag gerade recht. Die Großeltern wollen heute Marco bei sich haben, und sie kann sich in Ruhe ihrer Küche widmen, die dringend mal wieder auf Vordermann gebracht werden muss. Oma und Opa erscheinen pünktlich und sind glücklich, dass sie ihren Enkel für einige Stunden mitnehmen dürfen. Als sie weg sind, denkt Thea, die in der Nacht noch lange über Tims Erzählungen vom Büro nachgedacht hat: „So, jetzt mache ich eine 5A-Aktion in meiner Küche."

Tim zieht sich zurück in sein Arbeitszimmer in der oberen Etage und ahnt nichts von den Gedanken seiner Angetrauten. Thea geht in die Küche und öffnet die Schränke. Was sie erblickt, ist eine kunterbunte Ansammlung von Küchenutensilien, teilweise Dinge, die sie seit Jahren nicht benutzt hat. Ein Schrank ist voll mit den praktischen Plastik-Behältern für Lebensmittel, die sich im Laufe der Jahre ansammeln – doch dieser Schrank ist das größte Ärgernis. Jedes Mal, wenn sie für einen Behälter einen Deckel sucht, muss sie sich durch die Plastikberge wühlen, bis sie den passenden findet. Manchmal fallen ihr die kunterbunten Behälter schon beim Öffnen des Schrankes entgegen. In den Schubladen sieht es auch nicht besser aus. Hier findet sie diverse Messer, die nie benutzt werden, weil sie stumpf sind, das alte Besteck aus Tims Studienzeit, das hässliche Salatbesteck von Tante Gerda und noch vieles mehr.

Im Schrank mit den Lebensmittelvorräten hat Thea längst den Überblick verloren. Immer wieder tauchen Lebensmittelverpackungen auf, bei denen längst das Verfallsdatum abgelaufen ist. Kurzerhand holt sie einige Umzugskartons aus dem Keller und fängt an auszuräumen. Für den Müll stehen drei Kisten bereit, damit sie gleich die Mülltrennung vornehmen kann.

Der Anfang ist gemacht, und Thea geht mit Feuereifer ans Werk. Nicht benötigte, aber noch gut erhaltene Dinge wandern in die Umzugskartons, Müll nach Sorten getrennt in die Abfallkisten. Dann säubert sie die Schränke und Schubladen und macht sich Gedanken über eine neue Anordnung der verbliebenen Haushaltsgeräte und Lebensmittelvorräte.

Sie kommt zur Erkenntnis, dass es Sinn macht, im Greifradius zur Spülmaschine eher häufig benutztes Geschirr einzuräumen. Die Gewürze wandern in den Schrank über dem Herd. Häufig benutzte Küchenhelfer kommen in die oberen Schubladen. Die Lebensmittel werden übersichtlich angeordnet, sortiert nach Backzutaten, Konserven, Nudeln und andere Beilagen.

Zufrieden blickt sich Thea in ihrer **neuen** Küche um und ist erstaunt, dass die drei Abfallkisten und zwei große Umzugskartons voll sind mit aussortierten Sachen. Tim kommt gut gelaunt die Treppe herunter und fragt, was es heute zum Mittagessen gibt.

„Wir wollten doch zum Italiener gehen", antwortet Thea. „Ich hatte keine Zeit zum Kochen, da ich eine 5A-Aktion in unserer Küche gemacht habe."

Stolz führt sie vor, wie übersichtlich die nun nicht mehr überfüllten Küchenschränke sind und wie ergonomisch alles angeordnet ist. Tim betrachtet beeindruckt die gefüllten Umzugskartons.

„Du hast mich mit dem *Kaizen-Virus* angesteckt", sagt Thea, „und ich habe die Gelegenheit, dass Marco bei Oma und Opa ist, gleich genutzt, um ungestört zu entrümpeln."

„Alle Achtung, du lernst ja schnell", sagt Tim. „Komm, jetzt gehen wir essen." Da auch Thea fast vor Hunger stirbt, machen sie sich gleich auf den Weg zum Lieblingsitaliener. Beim Mittagessen ist weiterhin Kaizen Gesprächsthema Nummer eins.

„So, nun genießen wir aber noch den Rest vom Wochenende", meint Tim nach dem Essen. Gemeinsam fahren sie zu den Großeltern zum Kaffee und machen noch einen Spaziergang mit Marco. Abends ist mal wieder Fernsehen angesagt – zur Entspannung. Kurz vor dem Einschlafen sind sich beide einig, dass dies ein ereignisreiches Wochenende war. Tim ist überzeugt, dass er in Zukunft seinen Job besser in den Griff bekommt und mehr Zeit für seine Familie haben wird. Thea plant schon in Gedanken, wie sie ihren gesamten Haushalt mit Kaizen-Methoden optimiert.

Die Bilanz: Was alles bewegt wurde

Tim ist am Montag früh einer der ersten, die das Werksgelände betreten. Schmunzelnd beobachtet er die fragenden und erstaunten Gesichter der nach und nach eintreffenden Belegschaft beim Vorbeilaufen an den Containern und aussortierten Gegenständen.

„Was ist denn hier los? Wollen die etwa die Firma schließen, weil sie alles ausräumen?" „Kann man sich da bedienen? Den Schrank dort könnte ich gebrauchen!" „Ja, spinnen die jetzt total? Das sind doch neuwertige Sachen, die hier herumstehen!"
   Das sind nur einige der Bemerkungen, die Tim im Vorbeigehen aufschnappt. Er denkt, dass es höchste Zeit ist, die Menschen über die geheimnisvollen Vorgänge aufzuklären.

Sofort geht er an seinen PC, um die vorbereiteten Schaubilder auszudrucken. Auf Blatt eins erklärt er kurz den Begriff *Kaizen* und die 5A-Aktion. Blatt zwei und drei sind Collagen mit Bildern von den Aktivitäten am Wochenende. Auf Blatt vier sind die Zahlen,

Daten und Fakten aufgelistet. Und die können sich nach Meinung von Tim Tacho sehen lassen.

Das wurde mit der 5A-Aktion in der Vertriebsabteilung bewegt:

Aussortierte Gegenstände	Prämiensatz	Prämie
2750 kg Papier	Pro 10 kg 1 €	275 €
98 kg Büromaterial (wieder verwertbar)	Pro kg 2 €	196 €
1424 freigewordene Ordner	Pro Stück 0,50 €	712 €
27 frei gewordene Elektrogeräte/Computer	Pro Stück 5 €	135 €
13 frei gewordene Möbelstücke mit Wieder-beschaffungswert von ca. 8000 €	Pro Stück 50 €	650 €
Insgesamt erzielte Prämie für einen guten Zweck		1968 €

Noch vor der Mittagspause bringt Tim Tacho seine visualisierten Auswertungen am **Schwarzen Brett** an, damit auf dem Weg zur Kantine alle sehen können, was über das Wochenende in der Firma passiert ist. Beim Mittagessen sperrt er wieder seine Ohren auf. Mit Freude bemerkt er, dass doch schon einige seinen Aushang gelesen haben und an manchen Tischen heftig über **den neuen Wind** in der Firma diskutiert wird.

In den folgenden Tagen unterstützt Tim sein Team bei der Aktion **Putz die (Fest)Platte**. Jeder ist aufgefordert, Datenmüll vom PC zu entfernen. Daten, die das gesamte Team benötigt, werden zentral abgelegt, und jeder hat Zugriff darauf. Eine gut strukturierte und einheitliche Ablage soll dafür sorgen, dass alle in der Lage sind, Informationen schnellstmöglich zu finden.

Als besonders harter Brocken stellt sich dabei Kurt Spiegel heraus. Nur widerwillig trennt sich der Sachbearbeiter von seiner durch in-dividuelle Abkürzungen für die anderen nur schwer durchschaubaren Ablagestruktur. Schließlich stellt er dann doch die von ihm verfassten Angebote für den allgemein zugänglichen Ordner zur Verfügung.

Dank der intensiven Bemühungen von Tim werden innerhalb von nur drei Tagen auf der Festplatte des Abteilungsservers und an den einzelnen PC's insgesamt 13,75 Gigabyte an Speicherplatz freigesetzt.

Dreh mit!

Am Donnerstag findet die Sitzung des Geschäftsleitungsgremiums statt. Tim präsentiert stolz seine Zahlen, Daten und Fakten und erläutert, was bisher erreicht wurde.

Besonders beeindruckt sind die Anwesenden von seinen Vorher-Nachher-Bildern und den kleinen Video-Sequenzen von der 5A-Aktion, die er in seine Präsentation eingearbeitet hat.

Manfred Drehrad spricht Tim Tacho ein dickes Lob aus und bekräftigt nochmals, dass Kaizen im gesamten Verwaltungsbereich eingeführt werden soll. Er schlägt vor, nun gemeinsam eine *Roadmap* für die weitere Vorgehensweise zu erarbeiten.

Tim notiert am Flipchart die Vorschläge. Nach einer Stunde steht der Plan für die nächsten zwei Jahre. Es ist vorgesehen, pro Abteilung in jedem Level jeweils ein- bis zweitägige Workshops mit Unterstützung von Eugen Effizio durchzuführen. Gleichzeitig werden insgesamt acht Prozessbegleiter aus verschiedenen Abteilungen ausgebildet, welche die Verbesserungsprozesse unterstützen und vorantreiben sollen.

„Die Planung steht. Nun braucht das Kind noch einen Namen", sagt Tim Tacho und schreibt die acht bei ihm eingegangenen Vorschläge auf das Flipchart. Das Gremium einigt sich auf den Namen *Dreh mit!*, der von Elke Müller vorgeschlagen wurde. Unter diesem Leitmotiv sollen künftig alle Kaizen-Aktivitäten firmenintern publiziert werden.

Anette Feder vom Marketing verspricht, das Projekt ausführlich in der Hauszeitschrift vorzustellen. Tim Tacho findet die Idee gut und will künftig regelmäßig in der Hauszeitschrift über aktuelle **Dreh mit!**-Aktionen berichten.

Die zu erstellenden One Point Lessons erhalten künftig den Titel **Der richtige Dreh!**, und die Prozessbegleiter werden als **Dreher** bezeichnet. Eine kreative Mitarbeiterin aus der Marketingabteilung soll ein Logo für **Dreh mit!** entwerfen.

Am Ende der Sitzung erläutert Tim Tacho nochmals die Aktivitäten für die nächsten vier Wochen:

„Im Pilotbereich wird nach weiteren Verbesserungen gesucht, und es werden erste Standards erarbeitet. Gleichzeitig erfolgt eine Visualisierung der Erfolge und Weiterverbreitung im gesamten Unternehmen. In etwa sechs Wochen soll mit Unterstützung von Eugen Effizio das erste Audit im Pilotbereich erfolgen. Alle Abteilungsleiter sind aufgefordert, jeweils zwei geeignete Mitarbeiter für die Ausbildung zum Prozessbegleiter vorzuschlagen. Diese werden auf Seminaren des Instituts für Office Excellence mit den Kaizen-Methoden vertraut gemacht."

„Nach dem ersten Audit werden wir die Erfahrungen des Pilotbereichs auswerten und das Projekt Schritt für Schritt auf den gesamten Verwaltungsbereich ausweiten", schlägt Dr. Bernd Ordner vor.

Manfred Drehrad fordert Corinna Neuner auf, einen entsprechenden Etat einzuplanen und sich über die personellen Ressourcen für das Projekt Gedanken zu machen. Er bekräftigt nochmals seine Überzeugung von der Sache. Drehrad hofft, dass das eingesetzte Kapital irgendwann durch die verbesserten Abläufe wieder zurückfließen wird.

Die Sitzung ist beendet, und auf dem Weg zur Kantine sagt Dieter Kardan zu Tim:

„Ist Ihnen auch aufgefallen, dass bei der 5A-Aktion im Team von Jochen Altmann das meiste Papier und die meisten Ordner aussortiert wurden?" Tim hatte dies auch bemerkt und führt das auf den ehemaligen Teamleiter Rudolf Eisenmann zurück, der vor drei

Monaten pensioniert wurde. Eisenmann war ein strenger Chef und immer auf der Suche nach dem Sündenbock, wenn etwas nicht rund lief. Dies führte dazu, dass die Mitarbeiter *Angstprotokolle* führten und akribisch ablegten, um im Fall des Falles ihre Unschuld beweisen zu können.

„Ein Glück, dass der Eisenmann nun in Rente ist", sagt Tim, „der passt einfach nicht mehr in die heutige Unternehmenskultur. Wäre der noch da, dann hätte es das Team 4 sicher nicht geschafft, so viel loszulassen."

Kardan stimmt zu und ist froh, dass es in seiner Abteilung nun nur noch aufgeschlossene Teamleiter gibt, die einen kooperativen Führungsstil pflegen.

Auf dem Weg zum Audit

Die nächsten vier Wochen stehen noch ganz im Zeichen der 5A-Kampagne. Ein neuer Wind weht durch die Abteilung und ist deutlich zu spüren. Alle suchen ständig nach weiteren Verbesserungsmöglichkeiten im eigenen Umfeld. Das Team schafft es, einige Standards zu erarbeiten, um den Erhalt der Verbesserungen zu sichern. Zufrieden stellt Tim Tacho fest, dass der Ablauf schon etwas runder geworden ist, und freut sich auf die weiteren zu erwartenden Fortschritte im Level 2.

Doch zunächst steht das Audit bevor. Es sind bereits fünf Wochen seit der revolutionären 5A-Aktion vergangen, und alle im Team sind der Meinung, dass es nun an der Zeit ist, den nächsten Schritt zu wagen. Am Freitag dieser Woche ist es so weit. Die Mitarbeiter wurden von Tim Tacho am Montag informiert, denn es handelt sich ja nicht um ein Überfallkommando. Andererseits soll für das Audit auch nichts *frisiert* werden, da es gilt, den IST-Zustand zu erfassen.

Das Audit ist für 10 Uhr vorgesehen. Effizio erscheint bereits eine Stunde früher, um sich noch kurz mit Tim Tacho und fünf der angehenden Prozessbegleiter aus den anderen Abteilungen zu treffen. Die Neuen sollen gleich mit der Technik des Auditierens vertraut gemacht werden.

„Wichtig ist, dass die Mitarbeiter das Audit nicht als Kontrolle betrachten, sondern als Bestandsaufnahme des Erreichten. Wir wollen zusammen mit den Beteiligten die SOLL-Standards mit dem IST-Zustand vergleichen. Bei gutem Ergebnis ist es wichtig, nicht mit Lob zu sparen und das Team für die Fortsetzung des Verbesserungsprozesses zu motivieren. Wenn es noch nicht optimal läuft, dann erfolgt im Rahmen des Audits nochmals eine Schulung, und es werden weitere Möglichkeiten zur Verbesserung aufgezeigt", erklärt Effizio.

Er weist darauf hin, dass niemals Personen auditiert werden, sondern der gesamte Fortschritt im Team. Er verteilt Kopien des Audit-Fragebogens, den er und Tim Tacho zusammen erarbeitet haben. Anhand dieser Fragen werden die Auditoren herausfinden, ob alle Kriterien des ersten Levels zur Office Excellence erfüllt sind.

Es geht los, und das Auditoren-Gremium geht an Gemba, denn nur direkt am Ort des Geschehens kann der IST-Zustand erfasst werden. Die Auditoren wandern mit dem Fragebogen zu den verschiedenen Arbeitsplätzen, um ihre Beobachtungen zu machen und dabei mit den Mitarbeitern zu sprechen. Am Ende werden in der Gruppe die Ergebnisse besprochen.

Die Vertriebsabteilung hat das Audit bestanden, wenn auch nicht mit der höchstmöglichen Punktzahl. Dieter Kardan freut sich und gratuliert seinem Team zu der hervorragenden Arbeit.

Drehrad AG **Dreh mit!**	**Auditfragebogen** **Office Excellence**	Level 1: Selbst- organisation Datum: ....
	Auditfrage **und höchstmögliche Punktezahl**	**Bewertung**
1	Wurden alle Mitarbeiter nachweislich in den Grund-lagen und im Level 1 der Office Excellence sowie zu Verschwendung im Büro und 5 A geschult?	0 I 2 3
2	Gab es im Team eine gemeinsame Verschwendungs-analyse?	0 I 2 3
3	Wurden alle unnötigen Dinge aussortiert/archiviert? Wurde vereinbart, dass keine neuen Ordner oder Büro-möbel beschafft werden?	0 I 2 3
4	Wurde eine Aktion ‚Putz die Platte' (löschen von Dateien und Ordnern auf Festplatten) durchgeführt?	0 I 2 3
5	Wurden alle Arbeitsplätze ergonomisch sinnvoll ange-ordnet (Cockpit-Arbeitsplatz)?	0 I 2 3
6	Sind Arbeitsplätze und Umgebung (Fensterbänke, Schränke, Fußboden, Küche usw.) in einem sauberen und sicheren Zustand?	0 I 2 3
7	Wurden erste Standards zur Erhaltung der Ordnung und Sauberkeit für den eigenen Arbeitsbereich erstellt? Sind Standards für ‚Niemandsland' (Küche, Kopierer, Archiv etc.) erarbeitet worden?	0 I 2 3
8	Wurden Ideen- und Maßnahmenlisten für weitere Verbesserungen eingeführt und visualisiert und werden diese bearbeitet/aktualisiert (Umsetzungsgrad > 80 %)?	0 I 2 3
9	Sind regelmäßige Termine zur Umsetzung der Ideen geplant und finden diese statt?	0 I 2 3
10	Wurden Veränderungen dokumentiert und sichtbar im eigenen Bereich visualisiert?	0 I 2 3
	Ergebnis (bestanden >22 Punkte)	

Abbildung: Auditbogen Level I, Quelle: KAIZEN® Institute Bad Homburg

Die erste Hürde ist genommen

Der Feierabend naht, und das Team versammelt sich vor dem Start ins Wochenende noch kurz auf einen Umtrunk. Getränke und belegte Brötchen wurden von Manfred Drehrad spendiert, der es sich nicht nehmen lässt, zum Abschluss des Audits persönlich anwesend zu sein. Eugen Effizio gratuliert dem Team zum bestandenen Audit und stößt mit allen auf den nächsten Schritt an. „Sie haben nun gelernt, Verschwendung zu erkennen und zu eliminieren, und Sie haben Ihre Selbstorganisation verbessert. Damit haben Sie die erste Hürde auf dem Weg zur Office Excellence genommen. Der nächste Schritt ist die Verbesserung der Zusammenarbeit im Team. Wir werden demnächst mit einem Workshop Ihren Einstieg in den Level 2 auf dem Weg zur Office Excellence einleiten. Ich freue mich schon sehr darauf und bedanke mich für Ihre Mitarbeit."

Manfred Drehrad bedankt sich bei seinen Mitarbeitern für das große Engagement. Er lobt Elke Müller für ihre Idee mit dem Namen **Dreh mit!** und überreicht ihr die versprochene Jahreskarte für das Spaßbad. Dann präsentiert Tim Tacho das neue Logo für **Dreh mit!**, eine lustige Comic-Figur, die das Firmenzeichen der Firma Drehrad anschiebt. Alle sind begeistert von dem neuen Symbol, das ab sofort die Infos zum Thema Office Excellence schmücken wird. Das Logo ziert bereits die Audit-Urkunde für Level 1, die Manfred Drehrad an Abteilungsleiter Kardan feierlich überreicht, mit der Bitte, diese gut sichtbar im Vertriebsbüro anzubringen.

„Und nun möchte ich noch mein Versprechen einlösen und das Geld für den **guten Zweck** zur Verfügung stellen. Sie haben sich für eine Spende an die Organisation **Brot für die Welt** entschieden. Damit unterstützen Sie hungernde Menschen. Das halte ich für eine sehr gute Idee. Wir haben uns von überflüssigen Dingen befreit und geben denen etwas, die von allem zu wenig haben. Laut Tabelle erbrachten die im Rahmen der 5A-Aktion aussortierten Dinge einen Spendenbetrag von 1968 Euro. Die Spende wird sofort am Montag überwiesen. Und nun wünsche ich Ihnen ein schönes Wochenende. Vielen Dank nochmals an alle."

Level 2: Alle sprechen dieselbe Sprache

Zwei Wochen später ist es so weit. Eugen Effizio trifft ein, um den Workshop zum Start in Level 2 zu eröffnen. Pünktlich um 13 Uhr versammeln sich am Freitag die Mitarbeiter der Vertriebsabteilung und die angehenden Prozessbegleiter aus den anderen Abteilungen.

„Wie fühlen Sie sich nun, nachdem Sie mit der 5A-Kampagne den ersten Schritt in Richtung *Office Excellence* getan haben?", fragt Eugen Effizio nach der Begrüßung.

„Ich fühle mich befreit und bin erleichtert, dass ich den ganzen Ballast losgeworden bin", sagt Sandra Schwarz.

„Wir haben einen besseren Überblick", sagt Elke Müller.

„Und es gibt weniger Chaos", meldet sich Martin Schräuble.

„Mein Kopf ist wieder frei für wichtige Aufgaben", freut sich Jochen Altmann.

„Das Büro ist schöner geworden", stellt Holger Bayer fest.

„Aber die E-Mails und Telefonanrufe sind nicht weniger geworden, wir stehen immer noch ziemlich unter Druck", wirft Kollege Spiegel ein.

Tim Tacho erwähnt, dass er nun zwar Akten und Vorgänge in der EDV schneller findet, aber oft sucht er für Rückfragen Mitarbeiter, die nicht am Platz sind, und niemand weiß, wann die Person wieder erreichbar ist.

„Was sind Ihre wichtigsten Erkenntnisse?", möchte Effizio wissen.

„Ich habe Dinge weggeworfen, die ich doch noch hätte brauchen können", beklagt sich Mark Steuer.

„Ja, das kann in der Euphorie des Aussortierens vorkommen", räumt Effizio ein. „Aber ich bin sicher, dass die Vorteile der Aktion größer waren als dieses Ärgernis." Da muss ihm Mark Steuer Recht geben.

„Ich habe Dinge gefunden, die ich zuvor schon verzweifelt gesucht hatte", sagt Elke Müller.

„Weniger ist mehr – seit ich mich nicht mehr durch Papierberge wühlen muss, geht mir die Arbeit leichter von der Hand", stellt Christian Lenk fest.

„Mit einfachen Mitteln kann man viel bewegen. Zum Beispiel die One Point Lessons sparen viele Rückfragen und Ärger", sagt Andrea Zimmer.

„Schön", freut sich Effizio. „Nun würden mich noch konkrete Ergebnisse interessieren. Können Sie zum Beispiel sagen, um wie viel Prozent Sie besser geworden sind und wie viel Fläche eingespart wurde?"

Tim Tacho antwortet: „Ich schätze, dass wir etwa um 5 bis 8 % besser geworden sind. Zumindest ergab das eine Umfrage bei den Kollegen. Das bedeutet, wir sparen pro Mitarbeiter in der Woche ca. zwei bis drei Arbeitsstunden. Die Flächeneinsparung wird sich auf etwa 10 % belaufen. Aber noch wichtiger ist das neue Raumgefühl, das wir alle erleben dürfen. Ansonsten habe ich für Sie hier eine Aufstellung mit den Zahlen, Daten und Fakten."

Eugen Effizio bedankt sich für das Feedback. „So wie ich das sehe, haben Sie das Ziel von Level 1 erreicht und eine gute Ausgangsbasis für weitere Verbesserungen geschaffen. Die Einwände, dass Sie immer noch unter Druck stehen und dass es Probleme in der Kommunikation gibt, sind genau die Punkte, die wir in der nächsten Zeit gemeinsam verbessern wollen. Im Level 2 geht es um die Verbesserung der Zusammenarbeit im Team und um die Vermeidung von Fehlern, Blockaden und Wartezeiten."

Effizio schlägt vor, die Zeit von 14 Uhr bis 16 Uhr zu nutzen, um nochmals an Gemba Beobachtungen zu machen. Abwechselnd sollen die Mitglieder des Vertriebsteams ihre Kollegen beobachten. Wer nicht zur Abteilung gehört, ist neutraler Beobachter.

„Bitte achten Sie dieses Mal auf die Abläufe und die Kommunikation unter den Kollegen", gibt Effizio der Gruppe mit auf den Weg. „Wir treffen uns hier wieder um 16 Uhr, wenn Sie nicht mehr für Ihre Kunden erreichbar sein müssen."

Alle begeben sich an die Arbeitsplätze, um die **realen Dinge** zu beobachten. Die Beobachter machen sich eifrig Notizen. Als sich alle wieder im Schulungsraum treffen, fordert Effizio das Team auf, von ihren Beobachtungen zu berichten und auch Erfahrungen aus der Vergangenheit mit einzubringen. Tim Tacho stellt sich an das Flipchart, um die Fakten zu notieren. Folgende Punkte werden vorgebracht:

- Verwaiste Schreibtische, an denen das Telefon klingelt, und keiner geht ran.
- Kunden müssen mehrere Tage auf Angebote warten.
- Änderung bei einem Fertigungsteil – nicht allen bekannt.
- Oft Nichterscheinen oder Zuspätkommen zu Besprechungen.
- Lange Liegezeiten für Sonderfälle.
- Unterbrechung des Tagesablaufs durch Nachforschungen zur Identifizierung bestimmter Bauteile (Rücksprache mit Technik) und durch Eilaufträge.
- Mangelhafte Kommunikation mit dem Außendienst.
- Langer Dienstweg auch für Standardangebote: Unterschrift des Abteilungsleiters erforderlich.
- Langwierige Besprechungen, die viel Zeit in Anspruch nehmen, um einfache Dinge zu klären.
- Zu häufige Besprechungen, oft im zu großen Kreis.
- Aufwändiges Besprechungsprotokoll.
- Beschlossene Dinge werden nicht oder zu langsam umgesetzt.
- Verbesserungsvorschläge von Mitarbeitern werden selten umgesetzt.
- Der Außendienst wird nicht immer rechtzeitig über wichtige Dinge wie Änderung der Lieferzeit oder anstehende Preiserhöhungen informiert.
- Die Büromaterialverfügbarkeit ist nicht immer gegeben.

„Prima beobachtet – das sind ja schon jede Menge Ansatzpunkte für Verbesserungen", stellt Effizio fest. „Was zählt, ist, dass die Kunden zufrieden sind und wieder bei Ihnen kaufen. Um dieses Ziel zu erreichen, ist es wichtig, dass interne Prozesse richtig funktionieren. Damit alle dieselbe Sprache sprechen und die Abläufe wie ein Zahnrad ineinander greifen, sind Regeln erforderlich, die wir gemeinsam erarbeiten wollen. Wir möchten eine Veränderung zum Besseren. Dazu sind viele Anstrengungen nötig und vor allem Geduld. Rom wurde auch nicht an einem Tag erbaut. Veränderung bedeutet harte Arbeit, und es sind viel Initiative und Ausdauer erforderlich. Das Rad der Verbesserung muss sich ständig weiter drehen auf dem Weg zum Erfolg. Doch es besteht immer die Gefahr, dass das Rad wieder rückwärts rollt. Deshalb müssen wir die Verbesserungen durch Standards absichern. Dazu habe ich Ihnen eine schöne Grafik mitgebracht."

**Standards sind die beste und einfachste Art,
ein definiertes Qualitätsniveau zu erreichen und abzusichern.**

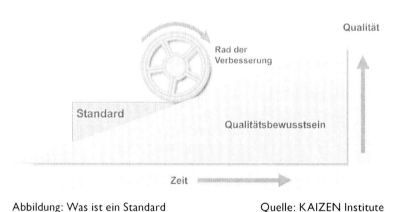

Abbildung: Was ist ein Standard   Quelle: KAIZEN Institute

Er projiziert die Grafik auf die Leinwand und fährt fort:
   „Ein Standard soll es uns ermöglichen, etwas auf die beste, einfachste und sicherste Art und Weise zu tun. Das Rad der Ver-

besserung nach oben zu drehen ist relativ einfach. Das Rad auf dem erreichten Stand zu halten ist schwierig. Standards helfen uns dabei."

Er zeigt auf den Keil, der unter dem Rad liegt, und sagt: „Morgen wollen wir für das Vertriebsteam Standards erarbeiten. Bitte machen Sie sich schon einmal Gedanken, in welchen Bereichen wir Standards benötigen und wie diese aussehen können. Und nun wünsche ich Ihnen noch einen schönen Abend."

Der Tag fängt gut an

Am Samstag um acht Uhr trifft sich die Gruppe wieder. Manfred Drehrad, der die Idee hatte, ein schönes Frühstücksbuffet zu spendieren, begrüßt das Team:

„Der Schwabe sagt: So wie man schafft, so isst man, also langen Sie kräftig zu. Sie brauchen heute viel Energie für eine große Aufgabe."

Er verspricht, eine große Party für die Belegschaft und deren Familien zu veranstalten, wenn bis zum Sommer die Auditierung des gesamten Verwaltungsbereichs im Level 2 gelingt.

Die Prozessbegleiter versprechen, ihr Bestes zu geben. Auf einer Schulung am Institut für Office Excellence wurden sie mit den Methoden vertraut gemacht, so dass einer Umsetzung mit Hilfe des Beraters Effizio nun nichts mehr im Wege steht. Doch heute ist erst einmal die Verbesserung der Zusammenarbeit in der Vertriebsabteilung das Thema.

„Verlieren wir keine Zeit und starten wir gleich", eröffnet Effizio den Workshop. „Wir wollen heute gemeinsam Standards für das Team Vertrieb erarbeiten. Wenn sich diese etabliert haben, kann später ein Teil für das komplette Unternehmen übernommen werden. Beginnen wir beispielhaft mit einem Standard für die Beschaffung und Verwaltung von Büromaterial. Davon ist jeder betroffen, und die mangelnde Verfügbarkeit scheint ja auch Chancen für Verbesserungen zu bieten. Herr Tacho hat für uns zusammengestellt, was allein in dieser Abteilung so im Umlauf ist."

Effizio deutet auf einen großen Tisch, auf dem sich eine Vielfalt von Ordnern, Klarsichthüllen, Lochern, Heftklammern, Bleistiften, Kugelschreibern, Filzstiften und Briefkuverts befindet.

„Was fällt Ihnen auf?", fragt Effizio.

„Alles schön bunt hier", sagt Dieter Kardan spontan.

Martin Schräuble zählt die unterschiedlichen Packungen mit Heftklammern und meint: „Das sind ja sieben unterschiedliche Sorten Heftklammern! Und die, die man braucht, sind nie da!"

Elke Müller stellt fest, dass es sich mit den Ersatzminen für Kugelschreiber genauso verhält. Erschreckend findet sie auch, dass es acht unterschiedliche Typen von Druckerpatronen gibt und Klarsichthüllen von vier verschiedenen Marken. Ganz zu schweigen von den zwölf Varianten unterschiedlicher Briefumschläge.

„Sie haben gut beobachtet", bemerkt Effizio. „Nun überlegen Sie mal, was diese Variantenvielfalt im täglichen Ablauf bedeutet. Jeder einzelne Artikel muss verwaltet und in der EDV erfasst werden. Hat überhaupt noch jemand einen Überblick, wo, was, wann und in welcher Menge zu welchem Preis bestellt werden muss? Außerdem werden bei größerer Bestellmenge einer Sorte oft Mengenrabatte gewährt, auf die man durch die Aufsplittung in Varianten verzichtet."

„Das ist mir so noch gar nicht bewusst gewesen", sagt Elke Müller betroffen, und die anderen nicken zustimmend.

„Ja, das geht vielen so", antwortet Effizio. „Doch nun wollen wir gemeinsam die Variantenvielfalt reduzieren. Ziel ist es, möglichst einen gemeinsamen Standard zu definieren. Ich gebe Ihnen zwei Stunden Zeit, im Team zu entscheiden, welches Heftgerät, welche Klarsichthülle, welche Briefkuverts und so weiter Sie in Zukunft verwenden möchten. Stellen Sie dabei einige Artikel grundsätzlich in Frage. Wer arbeitet zum Beispiel noch mit Bleistift und Radiergummi? Und brauchen wir heute noch Korrekturflüssigkeit? Wenn das Sortiment bereinigt ist, werden wir für die Verwaltung des Büromaterials ein Kanban-System einrichten, wie Sie es ja schon aus unserem letzten Workshop von der Kaffee-Ecke kennen. Also ans Werk!"

Manfred Drehrad schaltet sich noch kurz ein: „Damit das Kanban-System rasch umgesetzt werden kann, bitte ich Sie, die Bestände der aussortierten Varianten von Heftgeräten, Kugelschreibern, Sichthüllen, Kuverts etc. in der nächsten Woche aus dem Bestand zu entfernen und im Raum U2 im Erdgeschoss zu lagern. Wir werden die ausgemusterten Artikel beim nächsten Firmenfest günstig an Mitarbeiter verkaufen. Der Erlös geht an **Brot für die Welt**, und die nicht verkauften Bestände spenden wir sozialen Organisationen oder Vereinen für deren Verwaltung. Was größere Geräte wie Drucker und Fotokopierer betrifft, so werde ich den Zentraleinkauf anweisen, dass künftig ein Team Standardgeräte für die gesamte Verwaltung auswählt und dass dann nur noch diese zum Einsatz kommen. Momentan vorhandene Geräte werden noch genutzt, solange dies möglich ist."

Was benötigt ein Büromitarbeiter?

Die Gruppe versammelt sich um den Tisch mit dem Büromaterial. Elke Müller ergreift die Initiative und sagt: „Also, ich bin für diese Ordner und diese Klarsichthüllen als Standard. Die sind zwar etwas teurer, aber dafür von guter Qualität und von einem traditionellen Hersteller." In diesem Punkt findet sich noch die Zustimmung des kompletten Teams. Als es dann aber an die Schreibgeräte wie Kugelschreiber, Filzstifte und Bleistifte geht, entbrennen heftige Diskussionen. Jeder möchte seinen Lieblingsstift als Standard etablieren.

Manfred Drehrad schaltet sich in die Diskussion ein und schlägt vor, die von der Werbeabteilung eingekauften Stifte mit Firmenwerbung als Standard zu definieren.

„Die haben sich extra für eine bessere Qualität entschieden, da wir unseren Kunden ja keinen Schund schenken möchten. Ich denke, mit diesen Werbe-Kugelschreibern und Minenbleistiften und den Drehrad-Filzschreibern in vier Farben müsste jeder klarkommen. Und wir haben einen Synergieeffekt zwischen dem Einkauf von Werbemitteln und Büromaterial."

Diesen Argumenten kann niemand widersprechen. Die Zeit ist knapp, da eine Vielzahl von Artikeln begutachtet werden muss. Schließlich finden sich dann doch auf einem ausgewählten Tisch die als Standard-Arbeitsmittel auserkorenen Büroartikel. Von den ursprünglich 158 Artikeln sind nun noch 98 übrig geblieben.

„Nicht schlecht für den Anfang", sagt Eugen Effizio. „Aber das geht noch besser. Machen Sie sich in nächster Zeit nochmals Gedanken, auf was Sie verzichten können. Braucht jeder eine Schere am Schreibtisch? Wenn Sie auf Bleistifte verzichten können, dann werden auch Anspitzer und Radiergummis überflüssig. Bitte überlegen Sie in diesem Sinne, was Sie wirklich brauchen. Außerdem ist es Ihre Aufgabe, in den nächsten Wochen für jeden Artikel eine Karte für das Kanban-System zu erstellen und das Büromateriallager zu organisieren. Wer kümmert sich darum?"

Elke Müller und Sandra Schwarz melden sich freiwillig.

„Nun müssen wir uns Gedanken machen, welche Standards wir im Büro noch benötigen. Dabei gibt es unterschiedliche Bereiche, die wir unter die Lupe nehmen müssen." Effizio geht zum Flipchart und notiert:

Welche Standards benötigen wir, um effektiv und kundenorientiert zu arbeiten?

- Besprechungsstandards
- Ablagestandards
- Arbeits- und Ablaufstandards

- Service-Standards
- Informations- und Kommunikationsstandards

Effizio betont, dass es sich bei Standards nicht um Gleichmacher handelt, welche die Kreativität einschränken. Er erläutert kurz die unterschiedlichen Standards und führt einige Beispiele auf, was in anderen Firmen in dem Bereich schon gemacht wurde. Dann ist es auch schon Zeit für das gemeinsame Mittagessen.

Nach dem Essen sagt Effizio:

„Nun wollen wir uns zu den einzelnen Bereichen Standards überlegen, die Sie in der nächsten Zeit genau definieren und ausarbeiten können. Bitte bedenken Sie dabei, dass auch ein Standard stetig verbessert werden muss. Also überprüfen Sie später immer wieder, ob Ihre Standards noch aktuell sind. Ich schlage vor, dass wir fünf Arbeitsgruppen bilden und jede Gruppe sich zu einem der hier notierten Bereiche Gedanken macht. Sie können sich gerne im ganzen Bürobereich verteilen und auch direkt an *Gemba* recherchieren.“

Nachdem die Arbeitsgruppen gebildet sind, erklärt Effizio: „Die Vorgehensweise ist so, dass Sie zuerst den IST-Zustand erfassen und dann ein Konzept für den SOLL-Zustand definieren. Daraus lassen sich die Standards ableiten. Viel Erfolg!“

Die Gruppen ziehen sich in unterschiedliche Ecken zurück, und sofort beginnen eifrige Diskussionen.

Gruppe 1: Besprechungsstandards

„Also besprechen wir mal die Besprechungsstandards“, ergreift Martin Schräuble das Wort in seiner Gruppe. Er äußert seinen Unmut darüber, dass die meisten Besprechungen zu lange dauern und ihn von der Arbeit abhalten.

„Bei uns kommt noch das Problem hinzu, dass Besprechungen selten pünktlich anfangen, da oft viele zu spät kommen", sagt Bianca Krause vom Marketing.

„Unser Chef hört sich gerne reden und findet nie ein Ende", bemerkt Prozessbegleiter Jonny Cantarella. „Und letzten Endes wird so viel besprochen, das gar nicht umgesetzt wird, weil niemand mehr danach fragt", fügt er hinzu.

„Was da an Arbeitszeit verschwendet wird", meint der Controller und Prozessbegleiter Wolfgang Liebknecht, „da sehe ich schon ein riesiges Einsparungspotenzial."

Andrea Zimmer hält die Punkte schriftlich fest. Die Gruppe überlegt, wo die Probleme liegen und wie der Idealzustand aussieht. Das Ergebnis wird auf der Präsentationswand festgehalten:

IST-Zustand	SOLL-Zustand
Zu lange Dauer der Besprechungen	Kurz das Wichtigste besprechen
Viele kommen zu spät, Zeitverschwendung	Pünktlicher Beginn
Zu viele Personen dabei, die oft gar nicht direkt betroffen sind	Nur die Betroffenen anwesend
Besprochenes wird nicht umgesetzt	Umsetzung der vereinbarten Punkte
Über die Ergebnisse der Besprechung sind oft nicht alle Betroffenen informiert	Sofortige Weiterleitung der gefassten Beschlüsse an alle betroffenen Mitarbeiter

Daraus leitet das Team folgende Standards für Besprechungen ab:
- Maximal eine Besprechung pro Woche, Dauer maximal eine Stunde.
- Alle erscheinen pünktlich. Wer zu spät kommt, erhält Strafpunkte und muss diese abarbeiten durch *gemeinnützige* Tätigkeiten wie z.B. das Säubern der Gemeinschaftsbereiche, eine Woche Kaffee kochen oder Ähnliches. Liste dazu wird noch erstellt.
- Sorgfältige Themenwahl und Einladung nur der unmittelbar betroffenen Personen.

- Begrenzung der Redezeit und strikte Einhaltung dieser Regel.
- Konzentration auf wenige, zusammenhängende Themen pro Besprechung.
- Einrichtung einer Kurzbesprechungsecke mit Stehtisch, damit sich kein Sitzfleisch entwickelt.
- Erstellung des Protokolls während der Besprechung am Notebook, Projektion auf die Leinwand per Beamer, Genehmigung durch die Anwesenden und sofortiger E-Mail-Versand an die Teilnehmer und alle Betroffenen.
- Umsetzungskontrolle durch direkte Zuordnung der Zuständigkeiten und einen Termin zur Wiedervorlage.

Gruppe 2: Ablagestandards

Kurt Spiegel hat es in die Gruppe verschlagen, die seiner bisherigen Arbeitsweise am wenigsten entspricht. Innerlich ist er noch nicht bereit, sich von seinem individuellen Ablagesystem zu trennen. Doch nun muss er gute Miene machen und im Team ein einheitliches Ablagesystem entwickeln. Widerwillig beteiligt er sich an der Diskussion und bringt schließlich sogar einige Vorschläge ein. Das Team erfasst folgende Punkte:

IST-Zustand	SOLL-Zustand
Daten über laufende Vorgänge sind teilweise an den PC's individuell abgelegt und nicht allen zugänglich	Zugriffsmöglichkeiten aller involvierten Mitarbeiter auf laufende Vorgänge, zum Beispiel Kundenaufträge
Keine einheitlichen Oberbegriffe für Ablage	Einheitliche Ablagestruktur mit klaren Bezeichnungen
Unterschiedliche Oberbegriffe für EDV- und Papierablage	Identische Oberbegriffe bei EDV- und Papierablage
Oft Mehrfachablage von Informationen, zum Beispiel Rundschreiben	Keine Mehrfachablage sondern Zugriff für alle in zentralem Archiv

Die Gruppe einigt sich auf folgende Ablage-Standards:
- Möglichst wenig individuelle Ablage. Wichtige Daten müssen im Team jedem zugänglich sein.
- Es wird eine einheitliche Ablagestruktur mit einheitlichen Begriffsdefinitionen erarbeitet.
- Die Oberbegriffe für die EDV-Ablage müssen mit denen der Papierablage identisch sein.
- Allgemeine Informationen werden zentral auf dem Server abgelegt. E-Mail-Rundschreiben enthalten in Zukunft nur noch einen Hinweis auf das Dokument, das entweder auf dem zentralen Server oder im Intranet für alle zugänglich ist.
- An jedem letzten Freitag im Monat erfolgt eine Aktion **Putz die Platte**, bei der nicht mehr benötigte Dokumente entfernt werden. Ein Hinweis auf die Aktion erfolgt per E-Mail durch die IT-Abteilung.
- Generell gilt: Dokumente, bei denen man nicht sicher ist, ob man sie noch wirklich benötigt, kommen in den Ordner **Zwischenablage**.

Gruppe 3: Arbeits- und Ablaufstandards

Über die Arbeits- und Ablaufstandards zerbrechen sich Holger Bayer, Anja Lausch, Elke Müller, Teresa Blank und Peter Müller den Kopf. Hier gibt es jede Menge zu tun:

IST-Zustand	SOLL-Zustand
Zu viele Formulare, oft mehrfach vorhanden	Standard-Formulare, übers Intranet abrufbar
Keine klaren Richtlinien, viele Rückfragen bei Bereichsleitern oder Vertriebsleiter	Standardisierte Abläufe, Sachbearbeiter wissen, was zu tun ist. Rückfragen nur noch in Ausnahmefällen
Lange Wege von manchen Arbeitsplätzen zum Fotokopierer, oft Suche nach Papier und Hilfsmitteln	Kopierer an zentraler Stelle, für alle gut zugänglich. Benötigtes Material immer vorrätig und übersichtlich geordnet

Das Team stellt sich folgende Standards für die Arbeitsabläufe vor:

- Der Variantenreichtum bei den Formularen wird reduziert.
- Checklisten und genaue Arbeitsanweisungen für bestimmte Vorgänge werden ausgearbeitet, zum Beispiel Kalkulationsrahmen für Angebote. Wer unterschreibt ab welchem Betrag?
- Fotokopierer und andere gemeinschaftlich genutzte Einrichtungen werden zentral angeordnet, so dass unnötige Wege vermieden werden.

Gruppe 4: Service-Standards

„Was können wir für unsere Kunden tun, damit diese zufrieden sind?", fragt Dieter Kardan in seiner Runde. „Sind die denn nicht zufrieden mit uns?", fragt Sandra Schwarz erstaunt zurück. „Wir tun doch, was wir können, damit alles rund läuft." Mark Steuer räumt ein, dass sich die Reklamationen in letzter Zeit gehäuft haben und schon bis zur Geschäftsleitung vorgedrungen sind. Helga Schwaner bemerkt, dass ja nicht nur die externen Kunden gemeint sind, sondern dass auch die internen Kunden, also andere Abteilungen, mit einbezogen werden müssen. Das hat sie auf dem Prozessbegleiter-Seminar gelernt. „Ja", sagt Frank Hintermann, „das ist wahr. Ich bin zum Beispiel sehr unzufrieden mit den Wartezeiten, wenn ich von der Technik Informationen für die Erstellung eines Angebots benötige. Kürzlich hat unser Außendienstmann Lars Krüger fast den Auftrag von ‚Heavy Truck' verloren, weil wir mit dem Angebot nicht rübergekommen sind und die Konkurrenz schneller war. Ich konnte das Ganze nur noch retten, indem ich im Preis noch mal nachgab." Dieter Kardan kocht innerlich, da er sich über diesen Preis, der nur knapp über der Kostendeckung lag, ziemlich geärgert hatte. Er erinnert sich jedoch daran, dass er nicht meckern darf, da Probleme Schätze sind. Darum sagt er in freundlichem Ton: „Also, da müssen wir dringend überlegen, was wir an unseren Kundenbeziehungen sowohl intern als auch extern verbessern können." Er greift zu Papier und Bleistift, um die Fakten zu notieren:

IST-Zustand	SOLL-Zustand
Telefone klingeln oft zu lange, oder es geht niemand ran	Permanente Erreichbarkeit bzw. Gesprächsumleitung oder Anrufbeantworter
E-Mails werden bei Abwesenheit nicht bearbeitet	Weiterleitung an Vertretung oder Autoresponder
Außendienst ist oft verzweifelt, weil die Kunden zu lange auf Angebote warten müssen	Angebote gehen am selben Tag der Anfrage zum Kunden, maximal einen Tag später
Kunden werden oft mehrmals weiterverbunden	Maximal soll einmal weiterverbunden werden
Intern oft Verzögerungen durch mangelhafte Qualität des vorigen Sachbearbeiters	Intern als auch extern hat Qualität Priorität. Keine schlampige Arbeit in der Hoffnung, „der Kollege wird's schon richten"
Oft keine klaren Zuständigkeiten: Wer liefert was?	Klare Definition der Zuständigkeiten
Zu lange Wartezeiten auf Informationen	Sofortige Weitergabe von Informationen

„Also, was müssen wir verbessern und zum Standard erklären?", fragt Dieter Kardan und notiert die Vorschläge:

• Die telefonische Erreichbarkeit muss von 8 – 17 Uhr gegeben sein. Wer nicht am Platz ist, sollte Telefonate auf die Vertretung umleiten oder den Anrufbeantworter aktivieren – und dann aber auch gleich zurückrufen. Alternative: Mobiltelefone oder mobile Headsets, die hausintern mitgeführt werden.

• E-Mails werden am selben Tag beantwortet. Bei Abwesenheit Umleitung an Vertretung oder Autoresponder mit Hinweis auf Abwesenheit und E-Mail-Adresse und Durchwahl der Vertretung.

- Klare Vertretungsregelung, damit keine Servicelücken entstehen.
- Das Telefon soll maximal dreimal klingeln. Anrufe am selben Tag beantworten. Anliegen des Anrufers möglichst sofort bearbeiten oder delegieren.
- Anrufer maximal einmal weiterverbinden.
- Interne Kunden genauso gut bedienen wie externe. Immer gute Qualität ohne zeitliche Verzögerung liefern.
- Abwesenheitstafeln direkt am Arbeitsplatz mit Zeiger auf: im Hause unterwegs, auf Dienstreise, krank, im Urlaub und Angabe der Dauer der Abwesenheit. Dasselbe wird in einer Tabelle im Intranet eingetragen, damit sich jeder bequem über die Erreichbarkeit der Kollegen informieren kann.

Gruppe 5: Informations- und Kommunikationsstandards

Tim Tacho arbeitet in der Gruppe mit, die sich Gedanken über die Kommunikations- und Informationsstandards machen soll. Dieses Thema liegt ihm besonders am Herzen, da er bei seinen Beobachtungen in den vergangenen Wochen viele Defizite in diesem Bereich erkannt hat. Das Ziel ist, eine klare Kommunikation ins Team zu bekommen! Wie ist der Informationsfluss getaktet? Wer kommuniziert was, mit wem, wann? Welche Information muss täglich, wöchentlich, monatlich durch das Unternehmen fließen?

Sein Team notiert folgende Punkte:

IST-Zustand	SOLL-Zustand
Doppelarbeit und Fehler durch mangelhafte oder fehlende Kommunikation	Klare Absprachen: Wer macht was wann?
Probleme bei Terminplanung durch unterschiedliche Systeme	Einheitliches System zur Terminplanung, auf das alle Zugriff haben
Kapazitätsengpässe bei Besprechungszimmer, Fuhrpark, technischen Geräten etc.	Belegungspläne im Intranet, wo jeder die Ressourcen buchen kann
Überinformation durch E-Mails und Rundschreiben	Kein Massenversand von Informationen. Zielgruppen genau definieren
Oft sitzen die falschen Personen in Besprechungen und Kollegen, die das Thema betrifft, sind nicht anwesend	Besprechungsplanung nach Themen und Zuständigkeiten, Terminplanung über zentrales System
Keine klaren Zielsetzungen, jeder wurstelt so vor sich hin	Klare Zielsetzungen im Team, die auch jedem bekannt sind

Daraus leiten sie folgende Standards ab:
- Klare Aufgabenverteilung durch Kurzbesprechungen.
- Einführung einer EDV-gesteuerten Terminplanung, die von allen genutzt wird, damit es nicht mehr zu Überschneidungen kommt.
- Ebenfalls per EDV verfügbar sind die Belegungspläne für Besprechungsräume, Firmenfahrzeuge, Technik etc.
- Sinnvoller Verteiler für E-Mails und Rundschreiben. Fragestellung: Wer benötigt die Information wirklich?
- Gezielte Planung von Besprechungen: Wen betrifft das Thema? Wer muss das Protokoll bekommen? Terminplanung über EDV, Erreichbarkeit der wichtigen Personen überprüfen.
- Definition und Kommunikation von Abteilungszielen.

Die Auswertung

Nach zwei Stunden heißer Diskussionen und harter Arbeit ist erstmal eine Kaffeepause angesagt. Die Raucher können es kaum erwarten, ihrer Lunge mal wieder eine Portion blauen Dunst zu gönnen. Dann bittet Eugen Effizio die Teams, ihre Ergebnisse zu präsentieren.

Gruppe 1 hat Martin Schräuble zum Sprecher gewählt. Der genießt sichtlich die Aufmerksamkeit, die ihm zuteil wird, und erläutert die ausgearbeiteten Standards für Besprechungen. Nacheinander tragen die anderen Gruppen ihre Ergebnisse vor. Effizio gibt hier und da noch ein paar Hinweise und macht Vorschläge für Ergänzungen, aber im Großen und Ganzen haben die Teams brauchbare Vorschläge präsentiert.

„Sie haben alle sehr gute Arbeit geleistet", stellt Effizio fest. „Nun geht es darum, in den nächsten Wochen die Standards einzuführen und vor allem einzuhalten."

Damit die Standards möglichst schnell umgesetzt werden, schlägt er vor, dass sich das Kaizen-Team einmal pro Woche trifft, um den aktuellen Stand der Dinge zu betrachten und die Umsetzung voranzutreiben. Jede Abteilung soll *Drehzeit* einplanen, um die Aktion *Dreh mit!* voranzutreiben.

„Investieren Sie 5 % Ihrer Arbeitszeit als *Drehzeit* in die konsequente Umsetzung der Maßnahmen. Bald werden Sie genügend Zeit haben, um das Rad der Verbesserung weiter und schneller zu drehen", erklärt Eugen Effizio.
   „Die Arbeit wird durch die Beseitigung von *Muda* nicht weniger werden, aber die Inhalte werden sich ändern, und die Qualität wird besser werden. In diesem Sinne verabschiede ich mich und wünsche Ihnen viel Erfolg bei der Einführung und Modifizierung

Ihrer Standards in den nächsten Wochen. Wir sehen uns dann wieder, wenn das Audit im Level 2 fällig ist. Schönes Wochenende und bis bald."

Die Führungsriege und Eugen Effizio setzen sich noch kurz zusammen. Alle sind sehr zufrieden mit dem Ergebnis des heutigen Tages. „Ich glaube, nun sind alle, auch die Skeptiker, vom Kaizen-Virus infiziert. Die Begeisterung schwappt sichtbar über. Die Prozessbegleiter aus den anderen Abteilungen sind richtig heiß darauf, in ihrem Bereich mit 5A-Aktionen zu starten", sagt Dr. Bernd Ordner.

„Das Gefühl habe ich auch", bestätigt Eugen Effizio. „Ihr Unternehmen ist absolut auf dem richtigen Weg."

Manfred Drehrad ist erfreut darüber, das zu hören, und bedankt sich nochmals bei den Führungskräften und bei Eugen Effizio. Dann löst sich die Gruppe auf.

Und noch mehr Standards

Tim Tacho fährt gut gelaunt mit dem Fahrrad nach Hause und ist sehr zufrieden mit dem heutigen Tag. Seine Gattin erwartet ihn gespannt und lauscht aufmerksam seinen Schilderungen über die Einführung von Regeln und Standards. Thea, die inzwischen schon das ganze Haus mittels einer 5A-Aktion auf Vordermann gebracht hat, denkt nach.

„Nun, da Marco zu laufen und zu reden anfängt, muss ich ihm viel mehr Zeit widmen. Da wären gewisse Standards auch bei uns eine Erleichterung für mich. Zum Beispiel könntest du deine gebrauchte Wäsche gleich in den Wäschekorb befördern, anstatt sie im ganzen Haus zu verteilen. Ich weiß, dass du in dieser Hinsicht von deiner Mutter verwöhnt wurdest. Aber du würdest mir damit sehr helfen." Tim erklärt sich bereit, Thea im Haushalt besser zu unterstützen, und vereinbart mit ihr, dass sie gemeinsam einige Standards für das Haus Tacho erarbeiten werden.

Die Drehzeit bewährt sich

Dieter Kardan reicht die japanische Laterne an die Einkaufsabteilung weiter, die nun mit einer 5A-Aktion beginnt. Von dort wandert sie nach und nach durch alle Abteilungen. In den nächsten Monaten sind wundersame Wandlungen in der Firma Drehrad zu beobachten. Es passiert des Öfteren, dass auf dem Werksgelände Container auftauchen, die sich im Handumdrehen mit ausrangiertem Papier und Ordnern füllen. Der Vorrat an zurückgeführtem Büromaterial wächst und wächst. Es entwickelt sich eine regelrechte Tauschbörse für Büromöbel und Elektrogeräte. Die Kosten für Büroausstattung und Büromaterial sind trotz der Erweiterung einiger Abteilungen gesunken. Der Flächenbedarf wurde in den meisten Bereichen reduziert. So konnten zusätzliche Mitarbeiter untergebracht werden, ohne dass ein Anbau für neue Räume notwendig war.

Dr. Bernd Ordner sammelt die Zahlen, Daten und Fakten aus den einzelnen Abteilungen und berichtet regelmäßig an Manfred Drehrad über den Stand der Dinge.

Inzwischen ist der gesamte Verwaltungsbereich im ersten Level auditiert, und einige Abteilungen starten mit Level 2. Die Prozessbegleiter sind mit Eifer bei der Sache und arbeiten daran, bewährte Standards aus dem Pilotbereich in der gesamten Firma zu etablieren.

Fortschritte

Tim Tacho und Dieter Kardan schlendern gemeinsam durch die Vertriebsabteilung in Richtung Kantine.

„Unglaublich, was sich hier in den letzten sechs Monaten alles verändert hat", sagt Dieter Kardan. „Ja, ich bin ganz glücklich über unsere neue effiziente Arbeitsweise", antwortet Tim Tacho.

„Obwohl wir etwa 5 % unserer Arbeitszeit in unseren Veränderungsprozess stecken, ist die Zahl der Überstunden deutlich

zurückgegangen, und es wird nicht mehr so viel Resturlaub angesammelt."

„Und das sogar bei leicht steigenden Umsätzen", staunt Dieter
Kardan.

Die beiden sind sich einig darüber, dass seit Einführung der
Standards viel weniger Rückfragen kommen und die Mitarbeiter
selbstständiger arbeiten. Auch die Erreichbarkeit der einzelnen Personen ist besser geworden. Transparenz durch Telefonumstellung,
E-Mail-Umleitung und Abwesenheitstafel am Arbeitsplatz erspart
das unnötige Suchen nach einem Ansprechpartner.

„Dass die Besprechungen jetzt nicht mehr so viel Zeit ein-
nehmen, ist für mich ein echter Gewinn", sagt Tim Tacho.
„Der Einsatz der Stehtische für Kurzbesprechungen in Form
von *Stehungen* hat sich wirklich bewährt. So kann ich mal kurz
ein paar Leute zusammentrommeln, um bei einer Tasse Kaffee
wichtige Fragen zu klären. Und dann gehen rasch alle wieder an
die Arbeit, anstatt ewig gemütlich beim Kaffeeklatsch im Besprechungsraum zu sitzen."

Dieter Kardan stimmt Tim zu: „Ja, man darf gar nicht darüber
nachdenken, wie viel der teuer bezahlten Arbeitszeit wir in der
Vergangenheit verschwendet haben. Selbst solche Kleinigkeiten
wie die kurzen Wege durch die neue Anordnung des Fotoko-
pierers summieren sich. Wenn man das hochrechnet, was allein
unsere Firma für unnötige Suchzeiten, Doppelarbeit, vermeidbare
Rückfragen, zu lange Besprechungen etc. bezahlte und noch bezahlt! Das geht über die Jahre in die Hunderttausende, wenn nicht
sogar Millionen."

„Ja", erwidert Tim Tacho, „und nun überlegen Sie mal, was bei
einem großen Konzern wie z.B. unserem Kunden ‚Luxusmobile' an
verborgenen *Muda-Schätzen* vorhanden ist. Ich glaube, dass die
Wettbewerbsfähigkeit der Firmen in Zukunft davon abhängen wird,
inwieweit solche Schätze geborgen werden und inwiefern auch die
Verwaltungsbereiche effizient arbeiten."

„Da haben wir ja die Nase mal wieder vorn", freut sich Kardan. „Nochmals recht herzlichen Dank, dass Sie den Kaizen-Prozess ins Rollen gebracht haben."

„War ja nicht uneigennützig", entgegnet Tim grinsend. „So langsam bekomme ich wieder Luft zum Atmen und habe das Gefühl, dass ich die Prozesse im Griff habe und nicht umgekehrt. Und dass ich jetzt einigermaßen pünktlich Feierabend machen kann, kommt meinem Familienleben sehr zugute."

„Wie geht es denn dem Nachwuchs?", fragt Kardan.

„Der entwickelt sich prächtig. Jetzt beginnt Marco zu laufen und seine Spielsachen im ganzen Haus zu verteilen. Thea überlegt schon, wie sie ihm Ordnung beibringen kann. Wir sind gerade dabei, Standards für unser Haus und unser Familienleben zu entwickeln. Dabei macht Thea auch vor dem Kinderzimmer nicht Halt."

„Das ist ja ein guter Ansatz. Die Familie Tacho ist eine richtige *Kaizen-Familie*. Muss mal schauen, ob ich bei mir zu Hause auch etwas davon einbringen kann. Meine Kids sind gerade im schwierigen Teenie-Alter, aber einen Versuch ist es wert."

„Auf jeden Fall", lacht Tim. „Sie sehen ja, was in unserer Abteilung passiert ist. Und hier haben wir es beileibe auch nicht nur mit umgänglichen Menschen zu tun."

„Das stimmt", erwidert Kardan. „Nie hätte ich es für möglich gehalten, dass Querköpfe wie Martin Schräuble oder Kurt Spiegel so engagiert im Team mitarbeiten. Und Elke Müller entwickelt als Prozessbegleiterin echte Führungsqualitäten."

Tim lächelt und sagt: „Das Schöne an Kaizen ist, dass sich die Menschen entfalten und weiterentwickeln können. Ich spüre förmlich, dass alle nun mehr Spaß an der Arbeit haben und die Stimmung sich ins Positive gewandelt hat. Das zeigt, dass wir auf dem richtigen Weg sind. Momentan fiebern alle dem Audit im Level 2 entgegen, das am Freitag stattfindet. Die Investition in die Prozessbegleiterausbildung hat sich wirklich gelohnt. Elke Müller hat die anderen schon ganz neugierig auf das Prozessmapping gemacht, das im Level 3 erfolgen soll. Sie überlegen eifrig, welche Prozesse analysiert werden können."

„Prima", sagt Kardan. „Laut **Roadmap** ist der Einstieg in Level 3 erst in zwei Monaten vorgesehen. Aber so wie Sie die Lage schildern, können wir das Ganze wohl vorziehen?"

„Ja, das ist richtig. Ich habe bereits mit Effizio gesprochen. Wir werden in vier Wochen den Workshop als **Kick-off-Veranstaltung** abhalten und in den Level 3 starten – vorausgesetzt, wir bestehen das Audit, woran ich aber keine Zweifel habe."

„Gut so, da wird sich unser oberster Boss freuen, wenn das so schnell vorangeht. Er ist ganz begeistert von Kaizen und überlegt, ob er nicht nach Japan fliegen sollte, um sich vor Ort die Umsetzung anzuschauen."

Tim grinst und meint: „Das ist gar nicht notwendig. Effizio hat mir erzählt, dass es inzwischen in Deutschland so viele Firmen gibt, die mit Kaizen erfolgreich und bestens organisiert sind, dass man sich die teure Reise nach Japan sparen kann. Das Institut für Office Excellence bietet Touren an, bei denen man sich Firmen anschauen kann, die ihr Büro effizient organisiert haben. Vielleicht hat Effizio einen Tipp, wo wir uns ein gutes Unternehmen anschauen können."

Benchmarking: Von den Besten lernen

Am Nachmittag bespricht Tim Tacho telefonisch mit Effizio noch einige Dinge für die Organisation des geplanten Level-3-Workshops.

„Es gibt noch etwas Interessantes für Sie", sagt Effizio. „Wir haben ein Benchmarking-Projekt gestartet. Darin führen wir Firmen zusammen, die an der Verbesserung ihrer Büroeffizienz arbeiten. Das Projekt umfasst regelmäßige Veranstaltungen zum Erfahrungsaustausch, teilweise auch vor Ort bei den Firmen. Die Teilnehmer erleben hautnah die **Best Practice** und bleiben durch Firmenbesichtigungen, Fachvorträge, Schulungen und Coaching immer auf dem aktuellen Stand."

Tim ist sehr interessiert an diesem Projekt und will versuchen, die Geschäftsleitung dafür zu gewinnen.

Audit Level 2

Am Freitag ist es so weit. Effizio ist wieder pünktlich zur Stelle, um die Prozessbegleiter nochmals bei der Abnahme des Audits in der Vertriebsabteilung zu unterstützen.

Die Abteilung Einkauf wurde inzwischen von den Prozessbegleitern selbstständig im Level 1 auditiert. Tim Tacho hat den Auditbogen zusammen mit den Prozessbegleitern erstellt. Wieder gehen alle an *Gemba*, machen ihre Beobachtungen, sprechen mit den Mitarbeitern und füllen schließlich am Nachmittag gemeinsam den Fragebogen aus.

An einigen Stellen müssen Abstriche gemacht werden, aber die erreichte Punktzahl reicht zum Bestehen des Audits. Eugen Effizio gratuliert der Vertriebsabteilung und lobt den raschen Fortschritt. Dann geht er noch einmal auf die Schwachstellen ein und hält eine kurze Schulung zu den versäumten Punkten.

Auch heute lässt es sich Manfred Drehrad nicht nehmen, dem Team persönlich zu gratulieren.

„Es macht mir richtig Freude zu beobachten, wie sich unser gesamter Verwaltungsbereich verändert", sagt er. „Nun beginnt die Vertriebsabteilung schon vorzeitig mit dem Einstieg in Level 3. Bravo, kann ich da nur sagen. In etwa zwei Monaten werden wir flächendeckend in allen Büros hier am Standort 5A-Aktionen durchgeführt haben. Das ist ein Riesenerfolg, und ich finde es sehr erfreulich, dass fast alle Mitarbeiter begeistert bei der Sache sind." Tim Tacho beobachtet, wie manche Gesichter stolz aufleuchten, und stimmt in den Beifall für Drehrads Ansprache mit ein.

Drehrad AG **Dreh mit!**	**Auditfragebogen** **Office Excellence**	Level 2: Zusammen- arbeit Datum: ....
Auditfrage		**Erreichte** **Punktzahl**
1	Wurden alle Mitarbeiter nachweislich in den Grundla- gen und der erforderlichen Vorgehensweisen für den Level 2 der Office Excellence geschult?	0 I 2 3
2	Gibt es im Team abgestimmte Ablage- und Archivie- rungsstandards?	0 I 2 3
3	Gibt es Standards wie Stellen- oder Arbeitsplatzbe- schreibungen, Arbeits- und Verfahrensanweisungen und sind diese aktuell und den Mitarbeitern zugänglich?	0 I 2 3
4	Gibt es standardisierte Formulare, Vorlagen, Check- listen, Makros und Textbausteine zur Unterstützung der Prozesse und Abläufe? Sind diese einfach und schnell zu finden?	0 I 2 3
5	Wurde das Büromaterial auf das Wesentliche redu- ziert? Gibt es Standards zur Verbesserung der Büro- material- und Papierversorgung? Sind alle Mitarbeiter informiert?	0 I 2 3
6	Sind Service-Level für die internen und externen Kun- den gemeinsam im Team vereinbart und visualisiert? Gibt es Kennzahlen oder visuelle Hilfsmittel zur Anzei- ge der aktuellen Serviceleistung?	0 I 2 3
7	Nutzen alle Teammitglieder die gleichen Planungs- und Kommunikationssysteme? Sind alle Mitarbeiter ausreichend qualifiziert?	0 I 2 3
8	Gibt es Kurzanleitungen (One-Point-Lessons)? Sind diese verständlich, sicher vor Fehlhandlungen und gut sichtbar angebracht?	0 I 2 3
9	Gibt es eine abgestimmte Regelkommunikation? Fließen die Informationen in einem sinnvollen ‚Takt'?	0 I 2 3
10	Gibt es einen im Team festgelegten Besprechungs- standard? Wie ist er im Alltag verankert?	0 I 2 3
	Ergebnis (bestanden >22 Punkte)	

Abbildung: Auditbogen Level 2, Quelle: KAIZEN® Institute Bad Homburg

Nach dem Audit bespricht Tim mit Effizio die Geschehnisse des Tages.

„Nun haben wir schon so viel erreicht, dass ich mir gar nicht vorstellen kann, was wir denn noch alles verbessern können", sagt Tim.

„Sie sollten mal zu uns ins **Institut für Office Excellence** kommen", schlägt Effizio vor. „Dort erleben Sie **Best Practice** live und können sich noch Anregungen holen."

Tim ist von dieser Idee begeistert und vereinbart mit Effizio gleich einen Termin. „Am besten bringe ich die Prozessbegleiter mit, damit die sich auch neue Impressionen holen können und motiviert werden." Effizio ist einverstanden, und die beiden fachsimpeln noch eine Weile über Verbesserungsmöglichkeiten.

Das Institut für Office Excellence

Ein Kleinbus bringt Tim Tacho, Dr. Bernd Ordner und die Prozessbegleiter zum **Institut für Office Excellence**. Eugen Effizio begrüßt die Gruppe. Er bittet die Besucher in den Besprechungsraum. „Sie werden sehen, dass wir auch das leben, was ich Ihnen immer erzähle. Nach dem Motto **Walk what you talk** haben wir hier alles im Sinne der Office Excellence organisiert."

Effizio projiziert eine Folie an die Wand und fährt fort: „Unsere Niederlassung betreut drei Länder, und wir haben hier im Büro sechs Mitarbeiter. Früher waren zu Spitzenzeiten oft Überstunden fällig. Heute ist das Team immer auf dem Laufenden und bewältigt sogar mühelos die steigende Zahl der Anfragen."

Dann bittet er seine Besucher zum Rundgang durch die Büroräume. Erste Station ist der Arbeitsplatz, wo die **Excellence Tours** geplant und verwaltet werden. Interessiert lauschen die Besucher den Erklärungen einer jungen Mitarbeiterin, die für die Organisation der Touren zuständig ist. Stolz führt sie ihren aufgeräumten Schreibtisch vor, der sich problemlos in der Höhe verstellen lässt. „Der Tisch kann den Bedürfnissen der Mitarbeiter angepasst werden und lässt sich auch als Stehtisch benutzen. Heute habe ich diesen Schreibtisch im Empfangsbereich gewählt, da ich in dieser Woche für den Service zuständig bin. Das heißt: Kunden empfangen, Telefonate entgegennehmen, Kaffee kochen, Blumen gießen und was so anfällt."

Sie erklärt, dass die Service-Aufgabe unter den Mitarbeitern wöchentlich wechselt. Symbolisch wird die Zuständigkeit in Form eines Mini-Golfschlägers weitergereicht. Im Eingangsbereich steht ein Schild mit der Aufschrift **Caddy der Woche**, darunter ein Foto der zuständigen Mitarbeiterin beim Abschlagen auf dem Golfplatz. „Dann wissen unsere Berater auch immer gleich, wen sie ansprechen müssen, wenn sie im Hause sind und unsere Unterstützung benötigen.

Im Wechsel präsentieren Mitarbeiter des Instituts Kaizen-Ideen, die sie bereits umgesetzt haben. Besonders stolz sind wir auf unsere Geschwindigkeit und unsere Qualität. Wir haben klare Standards für Abläufe, die unsere Qualität garantieren. Wir sind so organisiert, dass wir uns gegenseitig vertreten können. Auch dabei haben uns die Standards geholfen. Wenn wir heute einen Anruf bekommen, so sind wir in der Regel in weniger als 30 Sekunden in der Lage, Auskunft zu geben. Früher mussten wir oft nach Unterlagen suchen und zurückrufen. Angebote bearbeiten wir innerhalb von 12 Stunden. Dafür benötigten wir früher ursprünglich drei bis fünf Arbeitstage."

Tim bemerkt, dass kaum noch eine Wand frei ist, weil überall große Magnettafeln angebracht sind, bunt gespickt mit Fotos und Informationen. Effizio erklärt die Tafeln:

„Wir setzen auf visuelle Steuerung. Ziele, Kennzahlen, Maßnahmen und Checklisten sind wichtige Hilfsmittel dazu. Hier im Schulungsbereich haben wir Tools und Praxisbeispiele von unseren Kunden dargestellt. Ein **Storyboard** zeigt die Entwicklung unseres Instituts seit der Gründung vor 15 Jahren."

Er verlässt den Schulungsraum, gefolgt von den Teilnehmern, und erklärt: „Das ist unsere Technik-Ecke mit dem Büromaterialschrank. Hier sehen Sie *One Point Lessons* für die Bedienung von Drucker, Kopierer und Faxgerät. Beim Büromaterial sorgen unsere *Kanban-Karten* dafür, dass immer alles verfügbar ist."

Er zeigt ein Muster im DIN-A4-Format. Auf der Karte sind ein Foto des Artikels, der Name des Lieferanten und die Daten wie Artikelnummer, Bestellmenge, Lieferzeit, Preis und Mindestbestand abgedruckt. In einem Ablagekorb werden die Kanban-Karten der benötigten Artikel gesammelt. Die Bestellungen werden einmal pro Woche bearbeitet.

Nächste Station ist das Großraumbüro, wo viele Tafeln über den Qualifikationsstand der Mitarbeiter und die Aufgabenverteilung zu finden sind.

Dann geht es weiter zu dem Einzelbüro, das als Rückzugsgebiet für ungestörtes Arbeiten dient. An der Wand hängt die größte Magnettafel von allen.

„Das ist unsere wichtigste Wand", erklärt Effizio. „Die Zieltafeln geben die Richtung an, wo unsere Reise hingehen soll. Jede Tafel enthält unsere Planzahlen zu den Kategorien Qualität, Geschwindigkeit und Wirtschaftlichkeit. So haben wir immer den Überblick, ob wir unser Soll erfüllen. Bei negativen Abweichungen nehmen wir Kurskorrekturen vor und beseitigen Störungsquellen."

Interessiert drängeln sich die Anwesenden vor der Zielplanungstafel. „Schau mal, die haben ihren Fortbildungsetat im Griff", sagt Bianca Krause zu Elke Müller.

„Das finde ich gut, wenn das so transparent geregelt ist", antwortet diese. „Wenn ich da an das Hickhack bei uns denke, wo sich die Leute gegenseitig um die Fortbildungskurse beneiden."

Beide sind sich einig, dass sie solche Tafeln rasch einführen müssen. Effizio warnt jedoch, dass es mit den schönen bunten Tafeln allein nicht getan ist. „Die Daten müssen regelmäßig aktualisiert werden, und die Menschen müssen das Planungsinstrument annehmen. Wir nutzen die Kennzahlentafeln als Führungsinstrument", erklärt der Institutsleiter.

„Hier sehen Sie unsere gemeinsam festgelegten Zielvereinbarungen. Die Mitarbeiter handeln weitestgehend eigenverantwortlich, um diese Ziele zu erreichen. Selbstverständlich müssen manche Strategien immer wieder im Team abgestimmt werden. Aber es funktioniert – Sie sehen es an den Grafiken. Unser Motto heißt: *Vertrauen führt!*"

„Ich hoffe, dass Sie einige neue Ideen mitnehmen konnten", sagt Effizio zum Abschluss.

Tim und seine Kollegen bestätigen das überzeugend. „Wir wissen, was wir noch zu tun haben", sagt Elke Müller.

„Vielleicht ist Ihre Firma schon im nächsten Jahr eine Anlaufstation für unsere Tour", entgegnet Effizio hoffnungsvoll. „Wir suchen immer wieder moderne aufgeschlossene Unternehmen, die bereit sind, ihr *Office-Excellence-Wissen* mit anderen zu teilen. Selbstverständlich erhalten Sie vorher eine Teilnehmerliste und dürfen direkte Konkurrenten vom Besuch ausschließen."

Dr. Ordner überlegt und denkt dabei an den Imagegewinn. Zu Effizio sagt er: „Sie dürfen Herrn Tacho gerne im nächsten Jahr darauf ansprechen. Mal sehen, wie weit wir dann sind und ob wir uns als mustergültiges Anschauungsobjekt eignen."

Tim sagt dazu: „Wir sind ja auch bei dem Benchmarking-Projekt dabei. In sechs Monaten findet ein Erfahrungsaustausch bei uns statt. Dann werden wir sehen, wie unser neues Büro ankommt."

Die Gruppe verabschiedet sich und macht sich auf die Fahrt nach Hause. Die Fahrzeit vergeht wie im Fluge, und es gibt nur ein Gesprächsthema: Was können wir noch alles verbessern?

Tim freut sich, wie begeistert Dr. Ordner von der Sache ist, und denkt an frühere Zeiten, als dieser die Nase ziemlich hoch trug und fast unnahbar war. Tim bekam ihn und anderen **hohen Tiere** vielleicht zweimal pro Jahr zu sehen. Seit der Einführung von Kaizen suchen die Führungskräfte den Kontakt zu allen Mitarbeitern, und es findet ein reger Austausch statt.

Die Umsetzung

Am Freitag trifft sich Tim mit den Prozessbegleitern. Er hat inzwischen seine Fotos und Notizen aufbereitet und lässt das Gesehene in einer kleinen Präsentation Revue passieren.

„So, nun ist es unsere Aufgabe, aus den vielen Ideen einen Maßnahmenplan zu erstellen", sagt Tim.

Er schlägt vor, dies unter den Aspekten zu tun: „*Was können wir sofort einführen?*" und „*Was sollte im Rahmen der Workshops zu den einzelnen Levels erfolgen?*"

Tim schlägt vor, kurzfristig einige pfiffige Ideen umzusetzen, so zum Beispiel das Anbringen von Markierungen auf dem Boden für die Papierkörbe. „Das ist gut, dann muss ich nicht immer meinen Papierkorb suchen, wenn die Putzkolonne mal wieder zugange war", freut sich Elke Müller.

„Ob wir da nicht etwas übertreiben?", gibt Kurt Spiegel zu bedenken.

Eine weitere Idee ist der **Caddy der Woche**, der den anderen den Rücken freihält. „Golf ist aber nicht unser Ding, glaube ich. Was könnten wir denn für ein Symbol anstelle des Mini-Golfschlägers nehmen?", fragt Tim in die Runde.

Jonny Cantarella schlägt vor, eine **Drehscheibe** in Form einer Frisbeescheibe zu nehmen und die zuständige Person **Dreher der Woche** zu nennen. Diese Idee wird einstimmig angenommen, und Elke Müller verspricht, für alle Bereiche Frisbeescheiben zu besorgen und die Menschen vor Ort von der Idee zu überzeugen.

Die Reise nach Mauritius

Nun sind acht Monate seit der Einführung von **Kaizen im Büro** bei der Drehrad AG vergangen. Inzwischen läuft vieles reibungslos. Die Teams sind bei der Umsetzung außerordentlich wirksam. Die Fortschritte machen die Menschen stolz und motivieren sie. Tim Tacho ist immer noch sehr engagiert, da er als Kaizen-Beauftragter den Prozess weiter vorantreiben muss. Die Teilnahme an dem Benchmarking-Projekt spornt zu mehr Leistung an und ist mit zusätzlicher Arbeit verbunden.

Er organisiert den nächsten Erfahrungsaustausch mit, der bei der Firma Drehrad stattfinden wird. Effizio wollte die Firma Drehrad unbedingt als Gastgeber, da es hier durch die flächendeckend durchgeführten 5A-Aktionen und den hohen Standardisierungsgrad schon einiges zu sehen gibt.

Tim sieht wieder Land und freut sich schon auf den Zeitpunkt, bis alle seine Pläne realisiert sind und seine Firma zu den **Best in Class** zählen wird. Er ist sich bewusst, dass er seine Familie in letzter Zeit sehr vernachlässigt hat. Deshalb überrascht er Thea zum Hochzeitstag mit einem Gutschein für eine Reise nach Mauritius. Thea ist außer sich vor Freude. Zwei Wochen mit Tim und Marco im tropischen Paradies! Sie kann es kaum erwarten, bis es losgeht.

Mit Elke Müller hat Tim eine große Unterstützung. Sie wird ihn während seines Urlaubs vertreten und sich um die Vorbereitung des Erfahrungsaustauschs kümmern. Nach seiner Rückkehr vom Urlaub ist gleich in der ersten Woche der Workshop für Level 3 im Pilotbereich Vertrieb anberaumt. Die Vorbereitung dafür hat er Elke Müller übertragen. Er bespricht am Freitag noch einmal alles Notwendige mit ihr und Dieter Kardan, bevor er sich in den Urlaub verabschiedet.

Endlich ist es so weit. Thea und Tim packen die Koffer, selbstverständlich nach dem **Kaizen-Prinzip**. Sie überlegen genau, was sie für die Reise wirklich benötigen. Nachdem dreimal ein- und wieder ausgepackt wurde, ist das Reisegepäck perfekt.

„Nur 15 Kilo zu dritt – mit so leichtem Gepäck sind wir noch nie verreist", sagt Thea. „Ich habe gleich eine Checkliste für zukünftige Reisen angefertigt, damit wir uns nicht jedes Mal den Kopf zerbrechen müssen, was wir mitnehmen."

Der Flug mit Air Mauritius ist sehr angenehm, und die Maschine landet nach elf Stunden im Tropenparadies. Beim Aussteigen schlägt den Passagieren feuchtwarme Luft entgegen.

„Endlich Sonne pur nach dem Dauerregen der letzten Wochen bei uns zu Hause", freut sich Thea. Ein Taxi bringt sie zu ihrer gebuchten Unterkunft. Die Feriensiedlung besteht aus lauter kleinen Hütten im landestypischen Baustil und liegt direkt am Meer. Nachdem sie ihre Hütte in der tropischen Gartenanlage bezogen haben, hüpfen Tim und Thea in die Badeklamotten, cremen sich und den nur mit einer Windel bekleideten Marco mit Sonnenschutz ein und gehen zum Strand. Ein schattiges Plätzchen unter Palmen mit zwei bequemen Liegen ist noch frei – mit Blick über den weißen Sandstrand auf das leuchtend blaue Meer.

Die erste Woche genießen sie am Strand mit Sonnen, Baden und dem Bauen von Sandburgen. Marco findet rasch eine kleine Freundin aus Australien. Mit der einjährigen Eileen spielt er den ganzen Tag im Schatten der Palmen, und ab und zu begleitet er, ausgestattet mit Schwimmflügeln, seine Eltern ins Meer.

„Nun sind wir schon eine Woche hier und genießen das faule Leben", sagt Thea. „Ich hätte nie gedacht, dass ich es einmal aushalten würde, so lange einfach nur jeden Tag untätig am Strand zu liegen", sagt Tim. Auch er genießt es sichtlich, einfach einmal gar nichts zu tun. „Und mit Marco hätte es keinen Sinn, auf irgendwelche Besichtigungstouren zu gehen. Der fühlt sich sowieso hier am Strand am wohlsten."

Am Abend macht sich Familie Tacho wieder auf den Weg ins Restaurant. Tim und Thea genießen das Abendessen. Marco erfreut sich an den Häppchen von frischem Fisch und an den exotischen Früchten. Sie sitzen direkt am Meer und beobachten, wie die Sonne als roter Ball am Horizont verschwindet. Plötzlich ist es dunkel, und nachdem das Dessert verzehrt und die Weinflasche leer ist, machen sie sich auf den Weg zu ihrem Bungalow. Tim trägt den bereits am Tisch eingeschlafenen Marco und Thea stöckelt mit ihren neu erworbenen hochhackigen Pantoletten hinterher.

Kurz vor dem Bungalow passiert es: Thea stolpert, schreit kurz auf und stürzt zu Boden. Tim kann sie nicht mehr auffangen, da er mit beiden Armen den inzwischen doch schon recht schweren Marco hält. „Aua, mein Bein", wimmert Thea und schafft es kaum, wieder aufzustehen. Tim legt Marco vorsichtig auf den Liegestuhl vor dem Bungalow und eilt Thea zu Hilfe. Außer einer Schürfwunde am Knie sind keine Verletzungen zu erkennen, doch Thea klagt über heftige Schmerzen im rechten Bein. Tim bringt Marco ins Bett und behandelt Theas Wunde mit Wunddesinfektionsmittel.

„Ich habe dir ja gleich gesagt, du sollst die Finger von diesen Schuhen lassen", sagt Tim, „damit kann man sich ja das Genick brechen." Thea, die von der grazilen Form und dem exakt zu ihrem langen Kleid passenden Farbton der Schuhe angetan war, bricht in Tränen aus. „Bitte entschuldige, Liebling", sagt Tim und nimmt sie in den Arm. „War nicht so gemeint. Jetzt lass uns erstmal schlafen, und morgen sieht die Welt schon wieder ganz anders aus."

Doch am nächsten Morgen wimmert Thea, die kaum geschlafen hat, vor Schmerzen. Das rechte Bein ist angeschwollen. Gestützt von Tim, schleppt sie sich zur Frühstücksterrasse, und Marco, der gar nicht versteht, was passiert ist, trottet hinterher. Tim setzt Thea und Marco an den Tisch und versorgt die beiden vom Frühstücksbuffet. Dann erkundigt er sich an der Rezeption nach einem Arzt. Auf Englisch schildert er, was passiert ist. Der freundliche Portier empfiehlt, mit dem Taxi in das Queen Elizabeth Hospital zu fahren.

Die Eltern von Eileen, Andy und Deborah Parker, stehen ebenfalls an der Rezeption und bekommen mit, was passiert ist. Sofort erkundigen sie sich, wie es Thea geht. Spontan bieten sie an, Marco mit zum Strand zu nehmen und auf ihn aufzupassen, während Tim und Thea ins Krankenhaus fahren.

Die Parkers begleiten Tim zum Frühstückstisch, wo Thea mit schmerzverzerrtem Gesicht sitzt. Marcos Gesicht hellt sich auf, als Eileen auf ihn zustürmt, und er gibt ihr spontan etwas von seiner Orange ab. Die Parkers sind rührend besorgt um Thea. Andy bedrängt Tim, noch etwas zu essen, und kümmert sich in der Zwischenzeit um ein Taxi.

Im Krankenhaus werden sie an der Rezeption freundlich empfangen und nehmen im Warteraum Platz. Alles scheint gut durchorganisiert zu sein, und schon nach wenigen Minuten wird Thea von Dr. Abraham empfangen. Ihr Bein wird geröntgt, und die beiden nehmen wieder im Warteraum Platz, um auf das Ergebnis zu warten. Tim schaut sich im Raum um und traut plötzlich seinen Augen nicht.

Er springt von seinem Stuhl auf und geht hastig zur Rezeption, um zu schauen, was dort an der Wand hängt. „Das gibt es doch nicht", denkt er bei sich, als er das Plakat mit dem Hinweis auf Kaizen näher betrachtet. Die freundliche Dame an der Rezeption, Leila Singh, beobachtet ihn amüsiert. Dann erzählt sie in gebrochenem Englisch begeistert über die in der Klinik durchgeführten Kaizen-Aktionen.

Nachdem Tim erklärt hat, dass er im fernen Deutschland in seiner Firma genau dasselbe macht, sind die beiden sofort in ein reges Gespräch vertieft. Begonnen hatte laut Leilas Schilderungen alles mit einer 5A-Aktion und der Suche nach Muda. Stolz holt sie einen Ordner und zeigt ihm die Dokumentation mit zahlreichen Bildern.

Begeistert betrachtet Tim die Fotos: Vorratsräume für Verbandsmaterial, die eher einer Rumpelkammer gleichen, Kartons, so hoch aufgestapelt, dass sich Fenster nicht mehr öffnen lassen, Menschen,

die Ordnung schaffen, und der Chefarzt mittendrin mit hochge-
krempelten Ärmeln.

Die Nachher-Fotos dokumentieren den Erfolg: Alle Materialien
sind übersichtlich in den Regalen geordnet, Fenster lassen sich wieder öffnen, alles ist sauber und neu gestrichen. Ein neues Layout
für den Empfangsbereich, in dem sich Tim gerade befindet, hat
den Patientenfluss deutlich verbessert. Leila erklärt, dass durch
die Neuorganisation die Wartezeiten für die Patienten deutlich
verkürzt wurden.

Das Team der Klinik hatte den Weg der Patienten aufgezeichnet,
um Schwachstellen und Engpässe zu lokalisieren. Anhand einer Problemlösungsstory wurde der Patientenfluss dann optimiert. Durch
eine neu eingebaute Tür gelangen die Patienten nach der Behandlung
direkt zur Apotheke und von dort ohne Umweg zum Ausgang.

Tim ist begeistert und bittet Leila um eine Kopie der Dokumentation. Diese verspricht, mit ihrem Chef zu reden, und bittet ihn,
später wieder vorbeizuschauen.

Thea hat von ihrem Sitzplatz aus das Gespräch verfolgt. Nach einigen Minuten wird sie wieder zu Dr. Abraham gerufen. Das Röntgen-
bild bringt Klarheit: Das Bein ist angebrochen und muss mit einem
Gipsverband geschient werden. Während sie mit einem Rollstuhl in
den Behandlungsraum gebracht wird, begibt sich Tim noch einmal
zur Rezeption, um mit Leila über Kaizen zu fachsimpeln.

Leila hat inzwischen die Power-Point-Präsentation über die
Kampagne des Krankenhauses auf eine CD brennen lassen und
überreicht diese, mit Erlaubnis ihres Chefs, an Tim. Der freut sich
schon darauf, was für Augen seine Kollegen zu Hause machen
werden, wenn er das vorführt. Insgeheim denkt er bei sich: „Dann
war es schließlich doch für etwas gut, dass sich Thea diese blöden
Schuhe gekauft hat. Es hat eben alles seinen Sinn." Gut gelaunt holt
er Thea ab und bestaunt ihr eingegipstes Bein. Dr. Abraham und
Leila müssen den Gips signieren. Thea und Tim bedanken sich für
die Hilfe und verabschieden sich ganz herzlich.

Thea fühlt sich jetzt schon viel besser, da sie ein Medikament gegen die Schmerzen bekommen hat. Sie beschließen, das Beste aus der Situation zu machen, und besteigen ihr Taxi zur Ferienanlage.

Gestützt auf Krücken und mit Tims Hilfe schleppt sich Thea zum Strand. Marco rennt stürmisch auf sie zu, und Tim muss ihn erstmal bremsen, damit er seine Mutter nicht umwirft. Die Parkers erkundigen sich nach dem Stand der Dinge und bedauern Thea. Die macht es sich auf ihrer Liege bequem und beschließt, die restlichen Urlaubstage lesend mit Blick aufs Meer zu genießen.

Am Abend machen es sich Thea und Tim vor dem Fernseher gemütlich. Tim schnappt sich die Fernbedienung und beginnt durch die Programme zu zappen. Thea will gerade ihren Unmut darüber äußern, als die beiden auf den Fernseher starren. Im Hintergrund sieht man gerade ein rundes Verkehrsschild mit der Aufschrift **Muda free Mauritius**.

Ein Sprecher erklärt die Kampagne, die von der Regierung ausgerufen wurde. Man sieht eine Schulklasse, die sich gerade in den Unterrichtsräumen auf die Suche nach Muda macht. In der nächsten Szene erklärt ein kleines Mädchen zu Hause ihren Eltern, dass Muda das japanische Wort für **waste**, also Verschwendung, ist.

Auf der Insel sind die **Muda-Buster** unterwegs. Sogar im Regierungsgebäude wurde laut dieser Reportage nach Muda gesucht und der Prozess der stetigen Verbesserung ins Rollen gebracht. Der Präsident hält ein kurzes Plädoyer und appelliert an die Einwohner von Mauritius, sich an der Kampagne zu beteiligen.

„Das ist ja unglaublich", ruft Tim begeistert aus. „Da könnte sich unsere Regierung ein Beispiel nehmen. Wenn ich das im Büro erzähle – die werden Augen machen!" Thea stimmt begeistert zu und schlägt Tim vor, morgen zu versuchen, an Unterlagen über die Kampagne heranzukommen.

Die restlichen Urlaubstage vergehen wie im Fluge. Mit der Familie Parker haben die Tachos neue Freunde gefunden. Die E-Mail-

Adressen sind ausgetauscht, und der Tag des Abschieds ist gekommen. Marco blickt noch lange zu der winkenden Eileen zurück, als das Taxi in Richtung Flughafen startet. Tim hat es tatsächlich geschafft, einige Unterlagen über die **Muda free Mauritius Campaign** zu ergattern. Auf Nachfrage hat ihm der freundliche Portier einige Veröffentlichungen zum Thema besorgt. Dafür erhielt er von Tim ein großzügiges Trinkgeld.

Im Flugzeug studiert Tim die Unterlagen, die teils in Englisch und teilweise in Französisch geschrieben sind. Die Broschüren und Artikel stammen vom National Productivity & Competitiveness Council (NPCC) Mauritius.

Darin wird beschrieben, dass die Kaizen-Aktivitäten von Anfang an von der Regierung unterstützt wurden. Es fanden Workshops statt, und insgesamt nahmen über 450 Mitarbeiter von Organisationen und Behörden an den Workshops teil. Aufgrund der guten Resonanz wurde die Elimination von Muda zum zentralen Thema erklärt. In Zusammenarbeit mit der Regierung entwickelten die Kaizen-Berater eine nationale Kampagne mit dem Ziel **Muda-Busting**. Zweck der Kampagne ist es, das Verschwendungsbewusstsein in der Bevölkerung und innerhalb von Organisationen zu wecken, generell Verschwendung zu erkennen und zu eliminieren.

Die Kampagne wurde im Parlament präsentiert. Der Präsident lobte die Ziele und die Struktur und lud das Kaizen-Team ins Regierungsgebäude ein. Er bat darum, im Regierungsgebäude eine gründliche 5A-Aktion durchzuführen. Diese Entscheidung des Präsidenten vermittelte die klare Botschaft an jeden, dass diese Kampagne wichtig ist und Aktionen verlangt. Es ist das erste Mal, dass Kaizen im Büro eines Präsidenten durchgeführt wird.

„Das ist ja irre", denkt Tim bei sich. „Hut ab vor diesem Präsidenten, der bereit ist, neue Wege zu gehen." Er liest weiter und übersetzt für sich in Gedanken den englischen Text. Dabei erfährt er, dass die Regierung das Konzept der Identifizierung,

Reduktion und Eliminierung von Muda auf nationaler Ebene einführen möchte. Kaizen wird als eine praxisorientierte Methode der kontinuierlichen Verbesserung vorgestellt. Das Kernziel der Regierung ist, die Kultur der Produktivität durch Motivation und Bildung zu verbessern. Realisiert werden soll dieses Ziel durch eine Kaizen-Kampagne, die darauf ausgerichtet ist, Verschwendung zu beseitigen und Mauritius besser zur organisieren und effizienter zu machen. Das Land soll ein attraktiver Standort für Investitionen sein, ein Qualitätsreiseziel für Touristen und ein Ort, an dem man gerne lebt.

Um Mauritius von Muda zu befreien, will die Regierung die zivile Verantwortlichkeit entwickeln und unterstützen. Eine Kultur der kontinuierlichen Verbesserung soll implementiert werden. Jeder Einwohner von Mauritius soll sensibilisiert werden für die dringend notwendige Reduzierung von Muda in seinem unmittelbaren Umfeld. Jeder muss erkennen, dass er mit seinem Handeln in seiner Umgebung die Lebensqualität verbessern kann. Die erklärte Zielgruppe der Kampagne ist ganz Mauritius in den Bereichen Bildung, Fabrikation, Landwirtschaft, Dienstleistung, staatliche Einrichtungen, Tourismus und das öffentliche Leben.

Eine Reihe von Schulungseinheiten, Mini-Kaizen-Workshops und eine Langzeitberatung sind geplant. Ein Kaizen-Club ist ebenfalls im Entstehen. Eine Werbeagentur entwickelt eine Werbekampagne für Printmedien, Fernsehen, Radio und Außenwerbung. Diese soll die Bewusstseinsbildung fördern.

Tim ist vertieft in die Unterlagen und sinniert darüber, was man in seiner Heimat mit Kaizen alles bewegen könnte. „Im kommunalen Bereich, auf der Regierungsebene und im Europaparlament steckt so viel Verschwendung", denkt er bei sich. „Wenn man da ansetzen würde, dann könnten sich unsere Politiker irgendwann die leidigen Diskussionen um Steuererhöhungen sparen. Anstatt immer mehr Geld aufzutreiben und den ganzen Apparat aufzublähen, müsste wirklich über Einsparungen durch Muda-Reduzierung in allen Bereichen nachgedacht werden."

Er wird durch die Stewardessen, die gerade das Essen servieren, wieder in die Realität zurückgeholt. Marco schläft friedlich im Sitz neben Thea, und Tim nutzt die Gelegenheit, seiner Gattin zu erzählen, was er da eben alles gelesen hat und welche Gedanken ihm durch den Kopf gingen. Thea ist beeindruckt und sagt: „Eigentlich sollten wir eine *Anti-Muda-Partei* gründen und in die Politik gehen."

Zurück zur Arbeit

Mit Elan geht Tim am folgenden Montag wieder in sein Büro. Seine Abteilung wird in dieser Woche in den dritten Level auf dem Weg zur Office Excellence einsteigen.

Tim geht zu seinem Schreibtisch und ist angenehm überrascht. Früher konnte er nach der Rückkehr vom Urlaub die Tischplatte nicht mehr erkennen, weil alles vollgepackt war mit Post, Infos und Akten. Jetzt sieht sein Schreibtisch fast so aufgeräumt aus, wie er ihn vor zwei Wochen verlassen hat. Dank der im Rahmen der Standardisierung ausgearbeiteten Vertretungsregelung ist die während seiner Abwesenheit eingegangene Arbeit von Elke Müller und Dieter Kardan erledigt worden. Auch die Flut von E-Mails hält sich in Grenzen, da er seine Mailbox auf Weiterleitung umgestellt hatte. In einem kurzen Meeting informieren ihn Elke Müller und Dieter Kardan über die Ereignisse während seiner Abwesenheit. Zum Glück hat sich nichts Spektakuläres getan, so dass Tim mit seinem Tagesgeschäft auf dem Laufenden ist. Elke Müller hat den Workshop für den Einstieg in den Level 3 gut organisiert.

Tim vereinbart mit den beiden gleich eine Uhrzeit für ein gemeinsames Mittagessen. „Jetzt habe ich leider keine Zeit, aber ich muss euch unbedingt etwas erzählen, was ich auf Mauritius erlebt habe."

Dabei leuchten seine Augen, und die beiden sind schon neugierig auf Tims Urlaubsgeschichte.

Als Tim später in der Kantine erzählt, wie er über Theas Beinbruch auf die nationale **Muda-Busting-Kampagne** von Mauritius aufmerksam wurde, ist ihm die volle Aufmerksamkeit seiner Kollegen sicher. Martin Schräuble, sonst ein guter Esser, ist von Tims Schilderungen so gefesselt, dass er fast vergisst, die Gabel zum Mund zu führen. Alle wollen die Präsentation, die Tim mitgebracht hat, sehen. Er verspricht, diese im Intranet für alle zugänglich zu machen.

Level 3: Betrachtung der Prozesse, Verbesserungen im Ablauf

Die Wiedersehensfreude ist groß, als Tim am Freitag Eugen Effizio zur Besprechung des Workshops für Level 3 empfängt. Tim erzählt ihm erst einmal von seinen Erlebnissen auf Mauritius. Er zeigt gerade die mitgebrachte Präsentation, als Dr. Ordner und Manfred Drehrad den Raum betreten und ebenfalls interessiert zuschauen.

Die Power-Point-Präsentation zeigt Fotos mit fröhlichen Menschen afrikanischen und asiatischen Ursprungs, fast alle in weißer Kleidung, die gemeinsam das Chaos in den Lagerräumen beseitigen. Anhand von Bildern, Texten und Zeichnungen wurden die Zustände vor und nach der 5A-Aktion dokumentiert. „Toll, wie die den Patientendurchlauf nun im Griff haben", kommentiert Tim. „Hier auf der Zeichnung sieht man, wie umständlich das vorher war." Dann erzählt er noch kurz von den Muda-Bustern und von der 5A-Aktion im Präsidentenpalast.

Effizio ist sichtlich beeindruckt. Er ist sich mit Tim einig darüber, dass es auch hierzulande notwendig wäre, Kaizen in Behörden und öffentlichen Einrichtungen einzuführen.

„Nun warte ich schon seit drei Monaten auf die Steuerrückzahlung, die mir mein Steuerberater errechnet hat", klagt er. „Wenn die beim Finanzamt ihre Prozesse im Griff hätten, dann würde das nicht so lange dauern." "Ja, wem erzählen Sie das? Wenn ich daran denke, wie lange wir damals auf unsere Baugenehmigung warten mussten", erinnert sich Tim.

"Doch nun wollen wir uns erst einmal auf unseren Workshop konzentrieren und uns selber verbessern", sagt Tim. "Wenn wir die Verschwendung aus unserer Firma eliminiert haben, gründen wir eine *Anti-Muda-Partei* und gehen in die Politik." Effizio lacht und sagt: "Gut ich bin dabei, dann sorgen wir für ein *Muda-free Germany*."

Tim fährt fort: "Das Team hat sich während meiner Abwesenheit überlegt, welche Prozesse wir unter die Lupe nehmen sollten." Er überreicht Effizio die Liste:

- Erstellen von Angeboten für Standardartikel
- Erstellen von Angeboten für Sonderanfertigungen
- Erstellen von Angeboten für Großkunden
- Erstellen von Auftragsbestätigungen
- Terminplanung und Terminüberwachung für die Auftragsabwicklung
- Fakturierung nach Auslieferung

"Da gibt es sicher einiges zu verbessern", sagt Effizio. "Wie sieht es eigentlich mit der Motivation aus? Machen alle mit, oder gibt es noch Skeptiker?" Tim berichtet von den beiden Sorgenkindern Kurt Spiegel und Martin Schräuble. Kurt Spiegel versucht immer noch, Dinge aus seinem Aufgabengebiet zu verschleiern und von den vereinbarten Ablagestandards abzuweichen, damit er gegenüber seinen Kollegen einen Wissensvorsprung hat. Martin Schräuble scheint zwar von der Sache überzeugt zu sein, hat aber öfter die Tendenz, Maßnahmen ins Lächerliche zu ziehen und zu blockieren. Effizio meint: "Die bekommen wir auch noch ins Boot."

Pünktlich trifft die erste Gruppe für den Workshop ein. Effizio will zunächst wissen, wie es dem Team in den Wochen seit der

Auditierung im Level 2 ergangen ist. „Was sind Ihre Erkenntnisse und Erfahrungen?"

Elke Müller erzählt begeistert, dass nun vieles reibungslos abläuft. Bewährt haben sich nach ihrer Meinung die Abwesenheitstafeln, sie ist nun nicht mehr ständig auf der Suche nach Kollegen.

Tim Tacho lobt die Aktion **Putz die (Fest-)Platte**, die eine Freisetzung von Speicherkapazität im EDV-System brachte, und die Standardisierung des Ablagesystems. In EDV und Papierablage wurden Mehrfachablagen weitestgehend eliminiert und die Suchzeiten deutlich verkürzt.

Martin Schräuble scheint wohl keinen guten Tag zu haben und bemängelt, dass das mit der Kaffeeküche immer noch nicht richtig funktioniert und oft keine sauberen Tassen verfügbar sind.

„Dann müssen wir die Standards und die Verteilung der Zuständigkeiten nochmals verbessern", sagt Effizio. „Gibt es auch Dinge, die sich zum Positiven verändert haben?", fragt er Schräuble.

Nach kurzem Nachdenken lobt Martin Schräuble die straffere Organisation der Besprechungen und die dadurch gewonnene Zeit. „Super find i die Stehtische, jetzt kann ma mol schnell was bespreche und niemand drückt sich stundenlang de Hintern breit!", ist sein abschließender Kommentar, der allgemeine Heiterkeit auslöst.

Sandra Schwarz sagt: „Seit wir die Belegungspläne für die Besprechungsräume und den Fuhrpark im Intranet haben, ist es viel einfacher, etwas zu buchen. Ich habe sofort den Überblick, wenn ich Termine plane. Früher war der Zeitaufwand viel größer."

„Das ist ja eine recht positive Bilanz", findet Effizio und freut sich über die Begeisterung des Teams, nun in den Level 3 einzusteigen. Er erklärt, worum es im Level 3 geht:

„Im Mittelpunkt stehen nun nicht mehr die einzelnen Arbeitsplätze, sondern die Betrachtung der Prozesse. Dabei ist es wichtig, dass Sie interne und externe Kunden-Lieferanten-Beziehungen genauer unter die Lupe nehmen und ein Verständnis dafür aufbauen.

Mit Hilfe der Methode *Prozessmapping* erkennen wir Verschwendung in den Prozessen."

Er betont, dass darin ein erhebliches Einsparungspotenzial liegt. Zudem soll durch die Reduzierung der Durchlaufzeiten die Kundenzufriedenheit intern und extern erhöht werden.

„Genauso gilt es jetzt, bereits bestehende Standards zu überprüfen, wie die Regeln zur Abzeichnung von Kundenangeboten, einzelne Genehmigungsverfahren etc.

Ein weiterer Schwerpunkt liegt in dieser Phase auf der Minimierung von Papier, der Konzentration auf das Wesentliche und der intelligenten Nutzung elektronischer Speichermedien.

Für diese Verbesserungen wurde in den vergangenen Monaten bereits eine gute Basis geschaffen. Nun geht es darum, die Abläufe weiter zu optimieren."

Effizio schreibt in großen Buchstaben auf das Flipchart:

Nicht wenn man nichts mehr hinzufügen kann, sondern wenn man nichts mehr weglassen kann, ist ein Prozess in Ordnung.

„Also, dann wollen wir mal loslegen und einen Prozess mappen. Als Beispiel zur Erklärung der Vorgehensweise habe ich das *Erstellen von Standardangeboten* ausgewählt. Danach werden wir Teams bilden, die jeweils einen Prozess mappen."

Effizio geht zu der großen Moderationstafel, bewaffnet mit Stiften und Klebezetteln.

„Nun betrachten wir einmal den gesamten Prozess – vom Eingang der Anfrage bis zum Eintreffen unseres Angebots beim Kunden. Überlegen Sie genau, welche Schritte erforderlich sind, wie viel Zeit diese in Anspruch nehmen und welche Personen involviert sind. Also beginnen wir mit dem Eintreffen der Kundenanfrage: Wie kommt diese in der Regel zu Ihnen?", fragt Effizio.

„Früher haben die Kunden öfter angerufen, heute kommt vieles per E-Mail", sagt Sandra Schwarz.

"Die Anfragen per Post oder Fax kommen nur noch in Ausnahmefällen vor."

Effizio notiert auf der großen Tafel in der ersten Spalte **WER?**, in der zweiten Spalte **MACHT WAS?** In vertikaler Richtung trägt er ein *Kunde* und in Spalte zwei *Anfrage per Telefon, E-Mail, Fax oder Brief.* Ganz unten zeichnet er in der Matrix horizontal die Felder *Bearbeitungszeit* und *Durchlaufzeit* ein.

"Eine Bearbeitungszeit durch den Kunden gibt es hier im Hause natürlich nicht", sagt Effizio und trägt unten eine Null ein. "Aber wie sieht es mit der Durchlaufzeit aus? Wie lange dauert es, bis die Anfrage beim zuständigen Sachbearbeiter landet?" Die Gruppe einigt sich nach einer kurzen Diskussion auf eine Zeit zwischen null und zwei Stunden – unter der Voraussetzung, dass die Sachbearbeiter bei Abwesenheit ihr Telefon und den E-Mail-Eingang auf die Vertretung umgeleitet haben. Effizio trägt bei Durchlaufzeit *0 bis 2 h* ein.

"Und wie geht es dann weiter?", fragt Effizio und trägt in die linke Spalte *Sachbearbeiter* ein.

"Der Sachbearbeiter prüft die Anfragedaten", sagt Sandra Schwarz. "Gut", sagt Effizio, "und wie lange dauert dieser Vorgang?" Martin Schräuble überlegt und kommt auf 30 bis 60 Minuten. Effizio trägt die Daten ein und fragt: "Und was passiert dann?"

Er bringt in Erfahrung, dass im Falle einer Anfrage, die alle benötigten Angaben enthält, der Techniker die Daten für die Kalkulation zusammenstellt. Ist die Anfrage unvollständig, erfolgt eine Rückfrage beim Kunden. Effizio zeichnet eine Verzweigung in die Matrix ein: Ist die Anfrage nicht vollständig, erfolgt eine Schleife, nochmals über den Kunden – bei Vollständigkeit geht der Prozess weiter.

"Wie lange braucht der Techniker für die Kalkulationsdaten?" Eine telefonische Rückfrage ergibt, dass er dafür 25 bis 30 Minuten benötigt. Die Durchlaufzeit beträgt jedoch zwischen einer halben Stunde und vier Stunden. Effizio trägt die Daten ein.

Der nächste Schritt ist die Berechnung der Preise durch den Kalkulator. Dieser benötigt an Arbeitszeit 30 bis 60 Minuten, die

Durchlaufzeit beträgt jedoch eine halbe Stunde bis acht Stunden.

Danach wird das Angebot vom Abteilungsleiter geprüft und gegengezeichnet, was wieder 20 bis 30 Minuten Arbeitszeit in Anspruch nimmt. Der Durchlauf variiert zwischen 25 Minuten und acht Stunden. Dann wird das Angebot vom Sachbearbeiter fertig gestellt und geht an den Kunden. Arbeitszeit und Durchlaufzeit sind hier identisch mit 25 bis 30 Minuten.

Effizio hat alle Daten notiert und stellt fest, dass in der Summe die reine Bearbeitungszeit für die Angebotserstellung etwa zwei bis vier Stunden beträgt. Die Durchlaufzeit liegt jedoch zwischen zwei Stunden und 38,5 Stunden. „Das bedeutet, dass der Kunde im schlimmsten Fall fünf Arbeitstage auf sein Angebot warten muss", stellt er fest. „Deshalb müssen wir uns jetzt den Prozess genauer betrachten und überlegen, wo wir ihn optimieren können. Wenn wir den Prozess rückwärts verfolgen, wo sind dann die Engpässe?"

„Die Genehmigung durch den Vertriebsleiter kostet Zeit, da er oft nicht erreichbar ist", sagt Elke Müller.

Effizio markiert diesen Engpass mit einem gezeichneten Blitz in Rot.

„Die Preiskalkulation dauert oft zu lange, und ich muss häufig nachfragen", sagt Sandra Schwarz.

„Die Rückfrage beim Kunden kostet Zeit und Nerven", meldet sich Kurt Spiegel.

„Ja, das kann ich mir vorstellen", erwidert Effizio.

„Ein weiterer Engpass ist die Zeit bis zur Annahme der Anfrage, die bis zu zwei Stunden dauern kann."

Er zeichnet die Blitze in die inzwischen recht umfangreiche Matrix ein.

„Was ist Ihr Ziel, das Sie mit dem Prozess *Angebotserstellung* erreichen möchten?", fragt er.

„Wir wollen den Auftrag haben", antwortet Martin Schräuble.

„Und wann gibt uns der Kunde den Auftrag?", will Effizio wissen.

„Wenn die Zahlen stimmen", antwortet Kurt Spiegel.

„Gut, aber die Mitbewerber kalkulieren auf ähnlicher Basis, und die Preise variieren vermutlich nicht zu stark. Wie können wir uns also noch von der Konkurrenz unterscheiden?", wendet Effizio ein.

„Der Kunde muss zufrieden mit uns sein", sagt Elke Müller.

„Richtig", pflichtet ihr Effizio bei, „und ist der Kunde zufrieden, wenn er fast eine Woche auf ein Angebot warten muss?"

Die Gruppe ist sich einig, dass neben guter Qualität und günstigem Preis, was inzwischen schon als selbstverständlich betrachtet wird, immer mehr die Schnelligkeit zählt. Also wird die Zielsetzung festgelegt: Der Kunde soll innerhalb von fünf Arbeitsstunden ab Eintreffen der Anfrage ein Angebot erhalten.

„Nun wollen wir analysieren, welche Potenziale wir haben, um den Prozess der Angebotserstellung zu beschleunigen." Er notiert auf dem Flipchart:

- Öffnen der E-Mail
- Dauer der Rückfrage beim Kunden
- Zeitverlust durch Wege, z.B. zum Techniker
- Erreichbarkeit der Technik

„Jetzt sind Ihre Ideen gefragt, wie wir die Situation verbessern können", fordert er das Team auf und notiert die Vorschläge:

- Anfrageformular mit Pflichtfeldern für alle benötigten Informationen entwickeln
- Elektronischer Datentransfer zwischen Sachbearbeiter, Technik und Kalkulator
- Handlungsrahmen für Kalkulation festlegen und Vertriebsleiter nur in Ausnahmefällen einschalten
- Standard für E-Mail- und Faxeingang ist die sofortige Bearbeitung
- Standard für Sachbearbeiter: Rufweiterleitung auf Handy, falls nicht am Platz

„Okay, nun wollen wir diese Lösungsansätze bewerten und daraus einen Maßnahmenplan erstellen", sagt Effizio. „Daraus werden wir dann einen neuen Ablauf des Prozesses gestalten."

Effizio begibt sich an die zweite Moderationstafel und zeichnet dort den neuen Prozess auf.

Wie gehabt entstehen die Spalten **WER?** und **MACHT WAS?**. Der erste Eintrag ist wieder der *Kunde* mit seiner *Anfrage per Telefon, E-Mail, Fax oder Brief*. Bei der Durchlaufzeit gibt es bereits hier die erste Änderung gegenüber dem bisher existierenden Prozess. Durch die automatische Benachrichtigung beim E-Mail-Eingang bzw. die ständige Erreichbarkeit der Sachbearbeiter durch Mobiltelefone reduziert sich die Durchlaufzeit auf maximal eine Stunde. Wenn der Sachbearbeiter länger als eine Stunde nicht am Platz ist, leitet er die Mails an die Vertretung um. Bei Besprechungen ist das Notebook mit drahtlosem Internet-Zugang dabei, so dass auch hier Mails empfangen und sofort weitergeleitet werden können.

Diese Vorgehensweise gilt auch für die Techniker und Kalkulatoren. So werden alle Anfragen ohne größeren Zeitverlust per E-Mail weitergeleitet, und die Ergebnisse kommen auf demselben Weg zurück.

Bei technischen Fragen an den Kunden wird ab sofort nicht mehr über die Sachbearbeiter kommuniziert. Die Techniker klären diese Fragen direkt mit dem Kunden. Das ist wesentlich effizienter, da unnötige Schleifen und Rückfragen vermieden werden.

Dieter Kardan und sein Abteilungsleiterkollege Mark Steuer sind damit einverstanden, dass die Gegenzeichnung bei Standard-Angeboten entfällt. Voraussetzung dafür ist die schnellstmögliche Erstellung von klaren Kalkulationsrichtlinien. Das reduziert die Durchlaufzeit, und die Abteilungsleiter gewinnen Zeit für andere wichtige Aufgaben.

Effizio hat nun den Prozess neu aufgezeichnet. Das Ergebnis ist eine Reduzierung der Bearbeitungszeit auf ein bis zwei Stunden. Die Durchlaufzeit verringert sich auf eine bis maximal vier Stunden.

„Ab sofort müssen Ihre Kunden nicht mehr tagelang auf ein Angebot warten", stellt Effizio zufrieden fest. Dieter Kardan ist ganz begeistert. „Mir fällt ein Stein vom Herzen. Dass wir da nicht früher drauf gekommen sind. Ich darf gar nicht daran denken, wie viele Aufträge wir schon durch zu langsame Reaktion verloren haben."

„Jetzt wollen wir das Team dazu herausfordern, noch mehr **Muda-Schätze** zu entdecken", sagt Effizio. „Heute ist es die Aufgabe der Gruppen, jeweils einen Prozess zu mappen. Hier stehen die Prozesse, die wir heute genauer betrachten möchten." Er zeigt auf das Flipchart. „Und in den nächsten Wochen sollten Sie überlegen, welche Prozesse Sie noch unter die Lupe nehmen möchten. Achten Sie dabei auch auf unscheinbare Vorgänge, wie zum Beispiel die Ablage der Angebote, Nachfass-Aktionen etc. Selbst darin steckt jede Menge Potenzial."

Es haben sich drei Teams gebildet, denen jeweils eine große Moderationstafel zur Verfügung steht. Innerhalb kurzer Zeit füllen sich die Tafeln mit Prozessbeschreibungen. Effizio und Tim Tacho unterstützen die Teams. Nach zwei Stunden werden die Ergebnisse präsentiert.

Die erste Gruppe hat sich um das Erstellen von Angeboten für Sonderanfertigungen gekümmert. In diesem Prozess sind mehrere Techniker involviert, das letzte Wort bei der Preisgestaltung hat der Abteilungsleiter. Derzeit beträgt die Durchlaufzeit bis zu zehn Arbeitstage. Durch die Umstrukturierung und Vereinfachung des Prozesses soll diese künftig maximal fünf Arbeitstage betragen.

Martin Schräuble präsentiert für seine Gruppe die Vereinfachung des Prozesses „*Erstellen von Auftragsbestätigungen*". Laut AGBs wird erst nach dem Eintreffen der vom Kunden unterschriebenen

Auftragsbestätigung mit der Produktion begonnen. Darum ist es wichtig, dass dies möglichst rasch erfolgt, um pünktlich liefern zu können.

Die Gruppe hat den Prozess vollkommen auf den elektronischen Weg umgestellt und lässt sich nun den Auftrag per E-Mail bestätigen. Da die Daten aus dem Angebot generiert werden, ist der Zeitaufwand gering. Und statt bis zu zwei Tagen sollte die Durchlaufzeit künftig bei maximal zwei Stunden ab Auftragseingang liegen.

Die Gruppe von Elke Müller hat sich mit der **Fakturierung nach Auslieferung** befasst und dabei festgestellt, dass der Kunde oft schon drei Wochen die Ware hat und noch immer keine Rechnung. Dieter Kardan hatte sein Entsetzen darüber unterdrückt – insgeheim hatte er sein AHA-Erlebnis über die Ursache der oft in Geschäftsleitungssitzungen diskutierten Liquiditätsengpässe. Stattdessen lobt er das Team für die Entdeckung dieses **Muda-Schatzes** und freut sich über die neu erarbeitete Vorgehensweise. Künftig sollen alle Fäden beim Sachbearbeiter zusammenlaufen, der die Daten für die Rechnungserstellung sofort nach Auslieferung an die Buchhaltung weitergibt. So wird es möglich sein, dass der Kunde spätestens am dritten Tag nach Anlieferung der Ware die Rechnung erhält.

„Wie fühlen Sie sich nun?", fragt Effizio in die Runde.

„Kommunikation ist halt alles", hat Martin Schräuble erkannt. „Hätten wir mehr miteinander geredet, dann wäre vieles glatter gelaufen."

Elke Müller stimmt ihm sofort zu: „Wir müssen uns vom **Abteilungsdenken** verabschieden und alle gemeinsam an der Verbesserung der Prozesse arbeiten."

Manfred Drehrad, der das Geschehen im Hintergrund verfolgt hat, denkt insgeheim: „Was habe ich da als Führungskraft in der Vergangenheit versäumt? Anstatt immer nur auf die Optimierungen im Produktionsbereich fixiert zu sein, hätte man die Verwaltung viel eher ins Visier nehmen müssen. Aber noch ist es ja nicht zu spät."

Laut sagt er zu den Anwesenden: „Das sind ja heute mal wieder ganz tolle Ergebnisse. Ich bin sicher, dass wir auf dem richtigen Weg sind und bald zu den Besten unserer Branche gehören. Machen Sie weiter so!"

Die Problemlösungsstory

Eugen Effizio erklärt, dass es für die Optimierungen im Level 3 neben dem Prozessmapping noch die Problemlösungsstory gibt, die bei punktuellen Problemen eingesetzt wird. Er stellt diese Methode anhand eines Beispiels aus dem Alltag der Firma Drehrad vor:

„Wir wollen anhand des Themas *Terminplanung und Terminüberwachung für Auftragsabwicklung* eine Problemlösungsstory entwickeln", sagt Effizio. „Am besten gehen wir die Thematik mit der *Fünfmal-Warum-Analyse* an."

Er bittet Tim Tacho, kurz das Problem zu schildern, welches dieser ihm schon vorab erläutert hatte.

Tim legt los: „Leider ist es so, dass wir immer wieder Kunden verärgern, weil die Liefertermine nicht eingehalten werden. Bei Verträgen mit fixem Termin sind oft Sonderschichten in der Produktion und teure Sonderfahrten erforderlich, damit die Termine gerade noch eingehalten werden."

„Das ist natürlich nicht sehr erfreulich", sagt Effizio. „Mit Hilfe der *Fünfmal-Warum-Analyse* wollen wir nun zusammen die Ursachen für die Nichteinhaltung der Liefertermine ermitteln." Er schaut in die Runde und stellt die erste Frage:

„**Warum** werden die Liefertermine nicht eingehalten?"

„Weil die Verkäufer eigenmächtig Zusagen machen und sich nicht mit der Produktion abstimmen", antwortet Sandra Schwarz.

„**Warum** stimmen sich die Verkäufer nicht mit der Produktion ab?", fragt Effizio.

„Weil sie die Terminzusage als Verkaufsinstrument benutzen und sich darauf verlassen, dass die in der Produktion die termingerechte Lieferung schon irgendwie hinbiegen", sagt Mark Steuer.

„**Warum** verlassen sich die Verkäufer darauf?", ist Effizios nächste Frage.

„Weil der Außendienst keinen Zugriff auf die Terminplanung der Produktion hat und die Produktionszeit nur vage anhand vorliegender Erfahrungswerte abschätzen kann", erklärt Tim Tacho.

„**Warum** hat der Außendienst keinen Zugriff auf die Terminplanung?", will Effizio wissen.

„Weil die Anbindung des Außendienstes an unser Intranet noch nicht funktioniert", weiß Elke Müller.

„**Warum** funktioniert die Anbindung nicht?"

„Weil die Vertriebsleute noch nicht auf dieses Programm geschult sind", gibt Dieter Kardan kleinlaut zu.

„Und schon haben wir die Lösung des Problems", verkündet Effizio. „Bitte erstellen Sie schnellstens einen Maßnahmenplan für die Schulung der Außendienstleute und regeln Sie die Abstimmung mit der Produktion."

Dieter Kardan bestimmt gleich ein Team, das diese Maßnahme innerhalb der nächsten zwei Wochen realisieren soll.

„Nun kennen Sie auch die Methode der Problemlösungsstory", sagt Effizio. „Am besten überlegen Sie, welche Probleme Ihnen das Leben im Alltagsgeschäft schwer machen. Erfassen Sie diese in einer Liste oder im Intranet. Bei Ihrer nächsten *Drehzeit*-Zusammenkunft können Sie dann *fünfmal ,Warum'* fragen und so auf die Ursache des Übels kommen."

„Das ist ja klasse", sagt Martin Schräuble und überlegt insgeheim, welche Fragen er heute Abend seiner Frau stellen wird. Vielleicht findet er so heraus, warum sie ständig eine Erhöhung des Haushaltsgeldes verlangt.

Effizio erklärt kurz, dass es noch weitere Methoden zur Prozessverbesserung gibt, zum Beispiel die Wertstromanalyse. Dabei werden Informationen zur Arbeitsplatzsituation gesammelt wie Aufgabeninhalt, Verteilung der Arbeit, Informationsbestände (offene Vorgänge), Anzahl der Vorgänge pro Zeiteinheit, Wege der Datenübertragung, Bearbeitungszeiten, Probleme und Verschwendung. Dann wird ebenfalls mit verschiedenen Methoden eine Verbesserung angestrebt. Als Beispiel erwähnt er das Spaghetti-Diagramm: Durch die Aufzeichnung der zurückgelegten Wege der Mitarbeiter kann das Layout des Büros optimiert werden. Es sind erhebliche Einsparungen durch ein sinnvolles Layout möglich. Oft erkennen dann die Mitarbeiter, wie viele Kilometer pro Jahr sie sinnlos durch die Gegend gerannt sind.

Abschließend sagt Effizio: „Es gibt immer viele Möglichkeiten der Verbesserung. Wichtig ist, dass Sie keine *Eier legende Wollmilchsau* suchen."

Die Bilanz nach einem Jahr: Veränderung zum Guten

Es ist etwa ein Jahr vergangen, seit Tim Tacho die Idee mit *Kaizen im Büro* hatte. Nachdenklich sitzt er an seinem Schreibtisch und versucht, in Gedanken die Zeit zurückzudrehen. Es scheint ihm fast unvorstellbar, wie in seinem Bereich oder auch in anderen Abteilungen vor einem Jahr gearbeitet wurde. Er betrachtet das helle, inzwischen sehr übersichtlich gewordene Großraumbüro und erfreut sich daran, wie ruhig und reibungslos inzwischen alles läuft. „Wie schnell man sich doch an die besseren Dinge gewöhnt", denkt er bei sich. Auf seinem Bildschirm betrachtet er noch einmal die gespeicherten Bilder von der Ausgangssituation und denkt: „Gut, dass wir genügend Fotos gemacht haben."

Seit erfolgreich an der Verbesserung der Prozesse gearbeitet wird, fallen nicht mehr so viele Überstunden an. Das wirkt sich sehr positiv auf Tims Privatleben aus. Er bewältigt nun seine Arbeit in viel kürzerer Zeit und kann abends, wenn er nach Hause kommt, noch mit seinem Sohn spielen. Früher schlief Marco immer schon, wenn er zu später Stunde nach Hause kam.

Seit zwei Wochen ist der gesamte Bürobereich im Level 2 auditiert. Alle haben Spaß daran, auf dem Wege der stetigen Verbesserung ihren Arbeitsplatz und die Abläufe im Team zu optimieren. Tim erinnert sich an die anfängliche Skepsis einiger Kollegen. Er ist richtig glücklich, wie positiv sich alles entwickelt hat. Später beim Meeting der Prozessbegleiter nutzt er die Gelegenheit, Bilanz über die bisherigen Erfolge durch die Aktion **Dreh mit!** zu ziehen:

Das Auftragsvolumen ist in den vergangenen 12 Monaten um 5 % gestiegen. Gleichzeitig gingen die Kosten im Verwaltungsbereich um 8,5 % zurück. Marlene Zwick vom Einkauf bestätigt, dass gerade im Bereich Büromaterial viel eingespart wurde: einerseits durch die Rückführung von Büromaterial aus den 5A-Aktionen, andererseits durch den geringeren Bedarf, da die Verschwendung durch Doppelablage etc. eliminiert wurde. Schließlich springen durch die Straffung des Sortiments Preisvorteile beim Einkauf heraus. Das ansteigende Umsatzvolumen kann mit dem bestehenden Mitarbeiterstamm bewältigt werden. Durch eine optimierte Nutzung der Bürofläche ist trotz Wachstum keine Baumaßnahme notwendig.

Die Stimmung in den Teams ist viel besser geworden. Die Fluktuationsrate ist zurückgegangen und damit die dadurch bedingten Kosten. Das Arbeiten in Teams fördert die Kommunikation, und es gehen nicht mehr so viele Informationen verloren.

Tim präsentiert die Fortschritte seines Teams im Level 3: „Durch die Betrachtung der Prozesse müssen die Leute nun globaler denken, da die Abläufe oft bereichsübergreifend sind. Deshalb schlage ich vor, dass wir anstreben, so schnell wie möglich alle Bereiche in den Level 3 zu bringen. Als Zeitrahmen für den Start stelle ich mir die nächsten drei Monate vor."

Gemeinsam erarbeitet das Team einen Plan über die Start-Zeitpunkte der einzelnen Bereiche. Im Vorfeld sollen die Prozessbegleiter durch Eugen Effizio geschult werden, der dann in jedem Bereich einen zweitägigen Start-Workshop durchführen wird.

Jetzt wird gefeiert

Am Freitag ist es so weit: Das von Manfred Drehrad versprochene Fest für die Mitarbeiter und ihre Familien findet statt. Eingeladen sind alle Mitarbeiter und deren Familienangehörige.

Am Nachmittag geht es los mit einem Programm für die Kinder. Eine Hüpfburg ist die Hauptattraktion für die Kleinen. Zwei Erzieherinnen kümmern sich um den Nachwuchs, damit die Eltern in Ruhe feiern können.

In einer kurzen Ansprache begrüßt Manfred Drehrad seine Gäste und bedankt sich bei allen Mitarbeitern für ihr Engagement. Er betont nochmals, wie wichtig die Aktion **Dreh mit!** für die Firma ist. „Die vielen kleinen Schritte im Verbesserungsprozess, die Sie, liebe Mitarbeiterinnen und Mitarbeiter, machen, sind ein großer Schritt für unsere Firma! Und nun erhebe ich mein Glas auf eine erfolgreiche Fortsetzung unseres Weges und wünsche Ihnen allen einen schönen Abend."

Tim Tacho begibt sich mit Dr. Bernd Ordner auf die Bühne. Dr. Ordner hält ebenfalls eine kurze Ansprache und hebt hervor, wie wichtig es ist, dass die Unternehmensspitze hinter den Kaizen-Aktionen steht. Außerdem geht sein Lob an Tim Tacho, der ja schließlich vor einem guten Jahr den entscheidenden Impuls gegeben hatte und mit Leib und Seele dabei ist.

Danach projiziert Tim seine Präsentation auf eine Großleinwand. Mit der Einleitung *Vor einen Jahr* laufen Bilder ab vom engen, voll gestellten Großraumbüro. Als Folientext erscheint: *Wir hatten Volltischler* (dazu das Foto eines Schreibtisches, dessen Tischplatte nicht mehr zu sehen ist) *und Hochstapler* (mit Foto eines hohen Aktenstapels). *Dagegen mussten wir etwas tun!*

Dann ertönt als Hintergrundmusik *Jetzt wird wieder in die Hände gespuckt ...* und im Takt dazu erscheinen in schneller Folge Bilder und Videosequenzen der 5A-Aktionen. Die anwesenden Ehefrauen sind amüsiert über ihre Männer, die mit Eimer und Putzlappen ihre Schreibtische abwischen, Schubladen ausräumen oder mit dem Besen Spinnweben aus den Ecken entfernen.

Gespannt beobachten die Zuschauer, wie aus einem Chaos ein noch größeres Chaos in den Büros entsteht – bis schließlich wieder Ordnung einkehrt und alles klar und übersichtlich erscheint. Am Ende hat Tim Tacho Folien mit den Ergebnissen eingebaut. So haben insgesamt 138 Mitarbeiter an den 5A-Aktionen teilgenommen, 2300 Ordner wurden aussortiert, fünf Container Restmüll und drei Container Metallteile entsorgt und massenhaft wieder verwertbares Büromaterial angesammelt. Die Zahlen sind unterlegt mit Bildern von Ordnerbergen, Papierbergen, gefüllten Containern und dem entstandenen Möbellager.

Am Ende erscheint der Spendenbetrag, der von Manfred Drehrad als *Kopfgeld* für aussortierte Dinge ausgesetzt worden war. Insgesamt ging ein fünfstelliger Eurobetrag an „Brot für die Welt".

„Wir haben uns von Überflüssigem getrennt und helfen jenen, denen es am Notwendigsten fehlt", sagt Tim Tacho ins Mikrofon und stellt noch kurz einige Hilfsprojekte in Afrika vor, die mit den Spendengeldern finanziert werden. „Vielen Dank im Namen dieser Menschen nochmals an Sie alle und an Herrn Drehrad", sagt

Tim zum Abschluss. „Und nun wollen wir unseren Erfolg kräftig feiern!"

Alle klatschen, und an den Tischen entstehen Diskussionen über die eben gesehenen Bilder.

„Das ist ja wirklich eine Schande, was bei uns in allen Firmen, Behörden und Privathaushalten an Verschwendung vorhanden ist", sagt Melanie Schräuble. „Ja, und es ist ja nicht nur so, dass der Überfluss Geld kostet – das Zuviel an allem blockiert uns ja noch bei der Arbeit", stimmt ihr Gatte Martin zu.

Elke Müller erzählt, dass sie zu Hause begonnen hat, sich von überflüssigem Ballast zu trennen. „Seit ich den ganzen Nippes und überflüssige Utensilien meiner Nichte für den Flohmarkt gegeben habe, geht mir die Hausarbeit leichter von der Hand. Ich suche nicht mehr ständig irgendwas und muss beim Putzen nicht mehr so viel wegräumen", erzählt sie.

„Auf das einfache Leben", sagt Mark Steuer, hebt sein Glas und prostet in die Runde.

Die Köche am Grill haben viel zu tun, und die Stimmung wird immer besser. Ob das nun an der Band oder am Bier liegt, lässt sich nicht so genau nachvollziehen. Die Familien Tacho, Kardan und Drehrad unterhalten sich gerade angeregt über die Erlebnisse der Tachos auf Mauritius. Kurt Spiegel und seine Frau Britta setzen sich dazu. Frau Spiegel schüttelt reihum die Hände und bleibt bei Manfred Drehrad stehen. „Herr Drehrad, bei Ihnen möchte ich mich einmal ganz herzlich bedanken. Seit Sie diese japanische Methode in Ihrer Firma eingeführt haben, ist mein Mann wie ausgewechselt. Er hat die Garage und den Keller entrümpelt und alles aufgeräumt und neu organisiert. Es ist eine wahre Freude, wie es jetzt bei uns aussieht", sagt sie zum Firmenchef.

„Bist du still", sagt ihr Mann, dem das sichtlich peinlich ist.

Thea erzählt von ihrer 5A-Aktion in der Küche. Frau Spiegel ist begeistert. „Schade, dass mein Mann diesen Bereich bei seinen

Aktivitäten ausgespart hat – aber ich werde wohl auch mal demnächst so eine Aktion machen, vielleicht hilft er mir ja dabei."

Kurt Spiegel zieht den Kopf ein und hofft, dass dieser Kelch an ihm vorübergeht – er findet, dass er in Keller und Garage genug bewegt hat. Die Küche sieht er nicht als sein Revier an. Doch wenn er es sich richtig überlegt, dann könnten auch einige Prozesse im Haushalt verbessert werden. Zu seiner Gattin sagt er: „Das Aussortieren von überflüssigen Dingen in der Küche überlasse ich dir. Du weißt schließlich besser, was du noch brauchst." Stolz fügt er hinzu: „Außerdem habe ich jetzt schon den Wissensstand vom Level 3 erreicht. Wenn du dann so weit bist, können wir uns überlegen, welche Standards wir in unserem Haushalt einführen und wie wir einige Abläufe verbessern."

Davon ist Frau Spiegel nicht so begeistert: „Du willst mir also dann vorschreiben, wie ich unseren Haushalt organisieren soll?"

Diese Frage klingt ziemlich angriffslustig, und Thea Tacho versucht zu schlichten: „So dürfen Sie das nicht sehen, Frau Spiegel. Mein Mann und ich haben das auch gemacht – das geht allerdings nur in Teamarbeit. Wir haben uns auf einige Standards geeinigt, zum Beispiel dass mein Mann seine schmutzige Wäsche nicht mehr dort fallen lässt, wo er gerade ist. Er sortiert sie jetzt schon in die Körbe getrennt nach Sorten ein. Für mich ist das eine Zeitersparnis. Außerdem haben wir vielen Dingen einen festen Platz zugeordnet, so dass wir Schlüssel, Brillen, Einkaufskörbe etc. nicht mehr lange suchen müssen."

Britta Spiegel hört interessiert zu. „Das klingt ja ganz gut", sagt sie und wendet sich an ihren Mann: „Damit können wir gleich morgen anfangen." „Meinetwegen", murmelt der, „aber jetzt tanzen wir erst einmal."

Er nimmt seine Gattin am Arm und führt sie auf die Tanzfläche, um sich einer weiteren Diskussion über seine Beteiligung im Haushalt zu entziehen.

Es ist ihm ein Dorn im Auge, dass seine Gattin daran denkt, wieder arbeiten zu gehen, jetzt, wo die Kinder aus dem Haus sind. Das würde für ihn bedeuten, dass die Hausarbeit wieder aufgeteilt wird.

„Na ja, ich werde es nicht verhindern können", denkt er bei sich. „Vielleicht bekommt unser Leben dann eine neue Richtung. Jetzt, wo ich der Kaizen-Experte bin, werden wir das schon gut organisieren." Temperamentvoll wirbelt er seine Britta über die Tanzfläche. Alle wundern sich darüber, was für ein guter Tänzer der ansonsten so unscheinbare Kurt Spiegel ist.

Thea und Tim verlassen das Fest gegen zwei Uhr am Morgen. Marco wurde schon vor Stunden von den Großeltern abgeholt. Auf dem Heimweg sagt Thea: „Du kannst froh sein, in einer so tollen Firma arbeiten zu dürfen." „Ja, das bin ich auch", sagt Tim. „Noch vor einem Jahr hätte ich am liebsten alles hingeschmissen. Aber ich glaube, es ist keine Lösung, vor Problemen davonzulaufen. Man muss sie aktiv anpacken und versuchen, etwas zu verändern. Das hat in dem Fall auch gut geklappt – nie hätte ich gedacht, dass man in nur einem Jahr so viel erreichen kann. Besonders beeindruckend finde ich, wie sich die Menschen verändert haben." Thea schmiegt sich an ihn und sagt: „Ich bin stolz auf dich!"

Und es geht weiter im Programm

Nach dem rauschenden Fest vor einigen Wochen ist die Stimmung in der Firma Drehrad noch besser geworden. Das Interesse an Kaizen ist groß. Die Vertriebsabteilung arbeitet kräftig an den Verbesserungen, die der Level 3 mit sich bringt. Immer wieder kommen Leute aus den anderen Abteilungen, um sich zu informieren, was da im Moment gerade passiert.

Tim Tacho begibt sich fröhlich zum Meeting der Prozessbegleiter. Wie alle anderen ist er fünf Minuten vor Beginn im Besprechungsraum. Erfreut stellt er fest, dass nun kaum noch jemand zu spät kommt und die Besprechungen immer pünktlich beginnen. Tim moderiert das Meeting.

„Nun sind alle Abteilungen im Level 2 auditiert, was ja gebührend gefeiert wurde", sagt er mit einem Lächeln im Gesicht. „Die Vertriebsabteilung ist im Level 3 schon gut fortgeschritten, und ich denke, dass das Audit in vier bis sechs Wochen erfolgen kann. Während sich die Aktivitäten der ersten beiden Level größtenteils abteilungsintern abspielten, sind nun zumeist mehrere Bereiche betroffen. Die Prozesse ziehen sich oft durch die ganze Firma bis hin zur Produktion. Manchmal wäre sogar die Einbindung unserer Lieferanten sinnvoll."

Marlene Zwick vom Einkauf stimmt Tim zu: „Oft haben wir Engpässe, weil Zulieferer die Termine nicht einhalten. Wenn wir so weit sind, dass wir uns im Level 3 bewegen, dann wird das sicher der nächste Schritt sein."

Das Team erstellt einen Zeitplan für die Einführung von Level 3 in allen Bereichen. Der Startschuss soll für alle im Abstand von vier bis sechs Wochen innerhalb der nächsten sechs Monate fallen. Tim schlägt vor, dazu zwei Schulungen im Abstand von vier Wochen mit Eugen Effizio durchzuführen, jeweils mit der Hälfte der Mitarbeiter eines jeden Bereichs. Die Einführungsworkshops und die Umsetzung vor Ort sollen dann durch die Prozessbegleiter erfolgen.

„Am besten ist es, wenn wir in den jeweiligen Bereichen mit der Analyse und Verbesserung von einfachen Prozessen beginnen", sagt Tim Tacho. „Wenn die Leute dann fit sind, gehen wir an komplexere Prozesse. Und wenn alle Bereiche so weit sind, ist die Zeit reif, quer durch die Firma ganze Prozessketten, die ineinandergreifen, zu mappen."

Elke Müller bemerkt: „Da bin ich mal neugierig, was wir noch alles bewegen können. Allein in unserem Bereich haben wir durch die Prozessoptimierung ja schon einiges verbessert. Doch der große

Erfolg wird sich dann sicher bei der Glättung der Prozesse, die mehrere Bereiche betreffen, einstellen."

Unter den Besten zu Hause

Für die nächste Woche ist der Erfahrungsaustausch im Rahmen des Benchmarking-Projekts angesagt.

Elke Müller hatte die Idee, einen „*Dreh mit!*"*-Lehrpfad* einzurichten. Markante Punkte in den Büros, in denen etwas verändert wurde, sind mit Nummern versehen. Dazu gibt es einen Plan. So können Besucher vor Ort nachvollziehen, was sich getan hat. Eine kurze Beschreibung des Zustandes am Arbeitsplatz vorher und nachher wurde angebracht und mit Fotos dokumentiert.

Tim Tacho und Elke Müller bereiten die Veranstaltung vor. Tim wird den Teilnehmern kurz erzählen, wie alles angefangen hat und welche Fortschritte nun seit gut einem Jahr erzielt wurden. Elke Müller wird die Stationen des Lehrpfades im Rahmen einer Präsentation im Vorfeld erklären und diese dann den Besuchern live vorführen. Es ist noch viel zu tun. Sie informiert die Mitarbeiter darüber, dass Besucher kommen. Der Hinweis, dass die Büros aufgeräumt werden sollen, ist nun zum Glück überflüssig. Elke Müller lädt außerdem die lokale Presse zu der Veranstaltung ein und organisiert die Verpflegung der Besucher.

Am Ende der Woche ist alles erledigt. Tim und Elke blicken der Veranstaltung gelassen entgegen und freuen sich auf den Austausch mit den Kollegen. Die Teams sind stolz darauf, dass sie ihre Erfolge den Besuchern präsentieren dürfen.

Am Donnerstag ist es so weit. Ab neun Uhr empfängt Tim die Gäste im Foyer. Bei Kaffee und Butterbrezeln werden bereits die ersten Erfahrungen ausgetauscht. Viele kennen sich schon von anderen Veranstaltungen.

Um zehn Uhr startet Eugen Effizio pünktlich mit seinem Vortrag über *Office Excellence*. Er stellt nochmals das 6-Level-Modell vor und belegt die einzelnen Stufen durch Praxisbeispiele, teilweise von den Firmen der Anwesenden.

Danach präsentiert Tim Tacho die Fortschritte der Drehrad AG. Auf großes Interesse stößt seine Geschichte von Mauritius, die er selbstverständlich in die Präsentation eingebaut hat. Zum Schluss sagt er: „Ich sehe schon, dass hier alle ebenso begeistert von Kaizen sind wie die Menschen auf Mauritius. Und genau diese Begeisterung ist das Rezept für den Erfolg. In diesem Sinne wünsche ich Ihnen eine lehrreiche und vergnügliche Zeit hier in unserer Firma und in unserer Stadt. Nun gebe ich weiter an meine Kollegin Elke Müller. Sie wird Ihnen nach der Kaffeepause einen Lehrpfad ganz besonderer Art vorstellen."

Nach der Pause startet Elke Müller mit ihrer Präsentation.
  „Ein afrikanisches Sprichwort sagt: ‚Viele kleine Leute an vielen kleinen Orten, die viele kleine Dinge tun, werden das Gesicht der Welt verändern." Sie blickt in die Runde und sagt: „Wir sind gerade dabei, das Gesicht unserer Firma zu verändern. Aber die Erlebnisse meines Kollegen Tim Tacho auf Mauritius zeigen uns, dass sich Kaizen durchaus zur Verbesserung vieler Dinge in einzelnen Staaten, vielleicht sogar irgendwann einmal weltweit, einsetzen lässt.

Doch vorerst bleiben wir bei der Firma Drehrad. Wir haben hier in der Verwaltung flächendeckend den Level 2 der *Office Excellence* erreicht – im Pilotbereich sogar schon den Level 3. Es sind viele gute Ideen für Verbesserungen entstanden. Einige davon werde ich Ihnen heute vorstellen – und zwar nicht nur in der Theorie sondern live vor Ort, direkt an den Arbeitsplätzen. Dazu haben wir einen Lehrpfad eingerichtet, den wir nachher gemeinsam begehen. Doch nun gebe ich Ihnen vorab schon einige Infos zu den Stationen unseres ‚Dreh mit!'-Lehrpfads:

- Die erste Station ist das Großraumbüro Vertrieb." Die Vorher-Bilder zeigen die enge, durch Trennwände zergliederte Bürolandschaft mit versperrten Durchgängen. Dann folgen Bilder und Video-Clips von der 5A-Aktion und schließlich ein Foto von der heutigen Situation. „Seit der Entfernung der Trennwände und dem Aussortieren unnötiger Dinge haben wir mehr Platz. Alles ist übersichtlicher geworden, und die Suchzeiten wurden auf ein Minimum reduziert. Hinzu kam eine ergonomische Gestaltung der Arbeitsplätze. Davon können Sie sich nachher vor Ort einen Eindruck verschaffen", kommentiert Elke Müller dieses Foto.

- Im Großraumbüro gibt es als pfiffige Idee die **Drehscheibe**. Ein Foto zeigt eine knallblaue Frisbeescheibe, die auf einem Schreibtisch liegt. Elke Müller erklärt dazu: „Früher war es immer so, dass die Sachbearbeiter laufend unterbrochen wurden. Viele Kundenanrufe erfordern eine aufwändige Recherche im Haus. Da die Kunden oft sofort Auskunft wollen, wird durch solche Anrufe der Arbeitsablauf gestört. Auch Tätigkeiten wie Kaffee kochen, Post verteilen etc. sind echte Zeitkiller. Nun haben wir eingeführt, dass im Wechsel immer ein Mitarbeiter die Service-Funktion für alle übernimmt und dadurch den Kollegen den Rücken freihält. Gekennzeichnet wird diese Verantwortlichkeit durch unsere Drehscheibe, die im täglichen Wechsel von Schreibtisch zu Schreibtisch wandert. Außerdem ist im Intranet ein Plan abrufbar, wer gerade der **Dreher vom Dienst** ist. Seither funktioniert vieles besser, und es ist mehr Ruhe im Tagesgeschäft."

- Elke Müller kommt zur dritten Station: „Unsere Service-Ecke mit Kopierer, Fax und Drucker war früher echtes Niemandsland. Es sah immer unordentlich aus, und man fand nie das, was man gerade suchte. Inzwischen haben wir ein Shadowboard angebracht, wo die Dinge wie Kugelschreiber, Hefter, Locher, Schere etc. ihren festen Platz haben. Auch das Kopier-, Drucker- und Faxpapier wird direkt dort gelagert. Ein Kanban-System sorgt für rechtzeitige Nachbestellung. Kurzbeschreibungen mit Bildern, so genannte One Point Lessons, erklären direkt am Gerät dessen

Funktionen. So ist jeder in der Lage, das Faxgerät zu bedienen oder bei Bedarf Toner oder Papier zu wechseln. Eine Mitarbeiterin hat sich bereit erklärt, die Patenschaft für diese Ecke zu übernehmen. Sie achtet darauf, dass die vorgegebene Ordnung eingehalten wird, und gibt die Kanban-Belege für Nachbestellungen zur Einkaufsabteilung weiter.

- Auch unsere Kaffeeküche war ein klassisches Niemandsland. Klare Standards sorgen nun dafür, dass immer genügend Kaffee, Milch, Zucker und gespülte Tassen vorhanden sind. Davon können Sie sich in wenigen Minuten selbst überzeugen.

- Im Technikraum haben wir ein Terminal zum Thema EDV eingerichtet. Per Touchscreen können hier Präsentationen zum Thema *Kaizen in der IT* abgerufen werden. Die Tafeln an der Wand informieren über das standardisierte Ablagesystem. Wo immer es möglich ist, werden Daten gemeinsam genutzt bzw. über Passwort für bestimmte Benutzergruppen freigegeben. Gepflegt werden diese Daten zentral. So vermeiden wir eine Doppelablage. Der Zugriff auf die Daten ist schneller geworden, und wir sparen wertvollen Speicherplatz. Allein unsere Aktion *Putz die (Fest-)Platte* setzte im Verwaltungsbereich inzwischen insgesamt über 83 Gigabyte frei. Um das Abspeichern unnötiger E-Mails zu verhindern, stehen jedem Mitarbeiter in seinem E-Mail-Fach 300 Megabyte zur Verfügung. Wenn die Mailbox voll ist, können keine Mails mehr verschickt werden, und die Leute sind gezwungen, alte Mails zu löschen bzw. anderweitig zu archivieren.

- Ein Standard, der uns sehr hilft, ist die Abwesenheitstafel. Direkt am Arbeitsplatz findet jeder, der jemanden sucht, die Information, ob der Kollege im Haus unterwegs, auf Geschäftsreise oder im Urlaub ist und wie lange. Ebenso gehört es zum Standard, im Haus das Mobiltelefon mitzuführen und bei Abwesenheit Telefon und E-Mails an die Vertretung weiterzuleiten. Zusätzlich befindet sich im Intranet eine Abwesenheitsmatrix. Damit hat die Suche nach verschollenen Kollegen ein Ende.

- Die nächste Station ist unser Besprechungsraum. Auch hier haben wir den Standard visualisiert. So weiß jeder, wo die Dinge hingehören und wie der Besprechungsraum nach der Benutzung aussehen muss. Anhand des Belegungsplanes im Intranet können die Besprechungsräume online gebucht werden.
- Im Eingangsbereich werden Sie unsere große Infotafel sehen. Wie das in der Produktion schon lange üblich ist, haben wir hier unsere gemeinsamen Ziele visualisiert. Hier können Sie sehen, wie weit die einzelnen Bereiche zum Thema **Office Excellence** vorangeschritten sind.
- Ein wahrer Fortschritt ist unser Büromaterial-Lager. Wir haben das Sortiment gestrafft und die Anzahl der Artikel erheblich reduziert. Ein Kanban-System sorgt dafür, dass es weder Überbestände noch Engpässe gibt.
- Durch unsere Besprechungsstandards sparen wir viel Zeit. Für Kurzbesprechungen haben wir in jedem Bereich eine Ecke mit Stehtischen eingerichtet. Dort können bei einer Tasse Kaffee zwischendurch kurz die Arbeitsinhalte abgestimmt werden. Für größere Besprechungen wurden feste Standards eingeführt: Pünktlichkeit, gute Vorbereitung, Zielgruppengenauigkeit, Online-Protokoll und Umsetzungskontrolle der besprochenen Maßnahmen. Keine Besprechung sollte länger als eine Stunde dauern.
- Im Bereich Einkauf werden Sie sehen, dass viele Schränke durch Abschrauben der Türen in Regale umgewandelt wurden. Das schafft Übersicht und spart Suchzeiten. Und wie Herr Effizio immer sagt: Schranktüren öffnen und schließen ist nicht wertschöpfend.
- Eine pfiffige Idee hatte unser Kollege Schräuble. Er hat im Flur eine Baustelle für Prozessmapping eingerichtet. Das ist eine weiße Tafel mit dem Hinweis auf den nächsten Prozess, der optimiert werden soll. So gerät unser Ziel, die kontinuierliche Verbesserung, nicht in Vergessenheit.
- Die letzte Station des Lehrpfades ist die Info-Tafel im Eingangsbereich der Kantine mit der ‚*Dreh mit!'-Idee des Monats*. Die

aktuelle Idee ist der temporäre Papierkorb und stammt von Sandra Schwarz: Damit es leichter fällt, sich von überflüssigem Papier zu trennen, hat sie sich eine **Ablage P** eingerichtet. Das ist ein Karton unter dem Schreibtisch, in den Dokumente wandern, die man eigentlich nicht mehr benötigt. Dieser Karton wird nicht so häufig geleert wie der normale Papierkorb. Es ist dasselbe Prinzip wie bei dem Papierkorb auf dem Computer. Auch hier kann man ja die Dokumente wiederherstellen, bevor dieser endgültig geleert ist."

Elke Müller blickt in die Runde und freut sich über die neugierigen Blicke.

„Ich hoffe, dass ich Ihnen einen ersten Eindruck über unsere Aktivitäten vermitteln konnte. Doch nun wollen wir das Ganze live vor Ort besichtigen." Gespannt folgt die Gruppe Elke Müller und Tim Tacho. Die Mitarbeiter an den Lehrpfad-Stationen sind richtig stolz, wenn sie von den Besuchern zu verschiedenen Details befragt werden.

Martin Schräuble erklärt seine **Baustelle für Prozessmapping**: „Unsere nächste Verbesserung soll die Archivierung der Kundenaufträge nach Auslieferung der Ware sein. Das läuft noch nicht richtig rund."

Am Nachmittag begrüßt Manfred Drehrad die Gäste. Er betont, wie froh er über die Einführung von **Kaizen im Büro** ist.

Im Anschluss stellt Matthias Hein von der Trettel AG das in seiner Firma bereits umgesetzte mobile Raumkonzept vor. In seinem Bereich teilen sich 12 Mitarbeiter neun Arbeitsplätze. „Die Zeiten, als es hieß: **My desk is my castle,** sind bei uns vorbei", erklärt er. Er zeigt eine Folie mit der neuen Aufteilung. Es gibt einen Kommunikationsbereich mit fünf Schreibtischen, einen festen Arbeitsplatz für Empfang und Sekretariat und drei **Ruhe-Arbeitsplätze** in abgeschlossenen Räumen.

„Unser Chef hat freiwillig seinen festen Arbeitsplatz aufgegeben. Sein ehemaliges Büro ist jetzt unser Besprechungsraum." Er zeigt ein Foto mit einer Reihe von Bürocontainern. Auf jedem Container liegt ein mobiles Telefon, und über den Container-Parkplätzen befinden sich die Postfächer. Hein erklärt: „Nach Feierabend parkt hier jeder seinen Container, und am nächsten Arbeitstag rollt er ihn wieder zu dem gewählten Arbeitsplatz. Eine Übersichtstafel mit personalisierten Magnetstickern zeigt, wer anwesend ist und an welchem Platz arbeitet."

Dieter Kardan möchte wissen, ob die Mitarbeiter widerstandslos ihre individuellen Schreibtische aufgegeben haben.

„Es war kein einfacher Weg. Wir haben insgesamt drei Jahre gebraucht, bis wir so weit waren", antwortet Matthias Hein. „Im Rahmen unseres kontinuierlichen Verbesserungsprozesses hatten wir festgestellt, dass nie alle Arbeitsplätze belegt waren. Es sind immer einige Leute auf Geschäftsreise, im Urlaub oder sonst irgendwie unterwegs. Als wir daraufhin beschlossen, uns dem mobilen Konzept anzunähern, gab es selbstverständlich Widerstände. Um die Leute zu beruhigen, haben wir folgenden Trick angewandt: Wir sperrten zwei Schreibtische mit Baustellenband ab und entfernten diese zunächst noch nicht. Gleichzeitig führten wir die Bürocontainer ein, und alle mussten ihre individuellen Schreibtische aufgeben. Das mobile Konzept wurde sehr schnell angenommen, und nach vier Wochen war klar, dass wir die abgesperrten **Notfallschreibtische** nicht mehr benötigten. Wir reduzierten sogar auf neun Arbeitsplätze und stellten auf das neue Bürolayout um, das ich Ihnen eben gezeigt habe. Das hat sich bestens bewährt, und wir können problemlos zeitweise noch bis zu drei Personen wie Praktikanten oder Außendienstmitarbeiter in unserem Büro unterbringen."

„Und welche Vorteile sehen Sie in dem neuen Raumkonzept?", fragt Tim Tacho.

„Neben dem Einsparen teurer Bürofläche haben wir den Vorteil einer Flexibilisierung der Mitarbeiter. Das Loslassen hat zu einer neuen Einstellung in den Köpfen geführt. Die Leute sind flexibler und kreativer geworden. Außerdem verbesserte sich die Kommunikation und somit die Zusammenarbeit. Inzwischen möchte niemand mehr zurück zum konventionellen Büro. Ich kann dieses Konzept nur empfehlen."

Im Kopf von Tim Tacho formt sich schon das neue Layout des Vertriebsbereiches. Er ist fest entschlossen, das Mobilitätskonzept mit voller Kraft anzustreben und schon jetzt erste Schritte in diese Richtung zu unternehmen. An den Gesichtern von Dieter Kardan und Elke Müller, die ihm eindeutige Blicke zuwerfen, erkennt er, dass er nicht der Einzige mit solchen Gedanken ist.

Im Anschluss an den Vortrag gibt es eine Diskussionsrunde. Martin Schräuble möchte von Herrn Hein wissen, ob es nicht auch schon Streit um bestimmte Arbeitsplätze, zum Beispiel in den Einzelbüros, gegeben hat.

„Eigentlich nicht", antwortet dieser. „Jeder belegt den Arbeitsplatz nach seinem Bedürfnis. Wer länger als eine Stunde abwesend ist, muss den Platz frei machen. Die Bedürfnisse der Einzelnen ändern sich ja ständig, und es findet ein reger Wechsel statt. Oft reicht es, wenn man zwei Stunden konzentriert im Einzelbüro arbeiten kann – und dann sucht man wieder den Austausch mit den Kollegen."

Halbzeit

Der Pilotbereich hat schon viele Fortschritte im Level 3 erreicht. Heute treffen sich die Prozessbegleiter, um den Einstieg der übrigen Bereiche in den Level 3 zu planen.

„Nun haben wir bald die Halbzeit im Erklimmen der Level erreicht", eröffnet Tim Tacho die Besprechung. „Doch unser Motto heißt: *Der Weg ist das Ziel*. Und es ist auch nicht notwendig und macht keinen Sinn, dass alle den Level 5 oder 6 erreichen. Wenn wir uns im Level 3 oder 4 stabilisieren, dann haben wir verdammt viel erreicht".

Da viele Prozesse mehrere Bereiche tangieren, gibt es durch die Prozessverbesserungen im Pilotbereich Vertrieb schon einige Schnittpunkte. Wir haben bereits mehrfach interne Lieferanten bzw. Kunden beim Prozessmapping mit einbezogen. Dadurch haben wir bei vielen die Neugier geweckt, und die Motivation ist schon recht groß. Wir wollen heute planen, wie wir den parallelen Einstieg aller Abteilungen in den Level 3 managen können."

Ursprünglich war in der Roadmap der zeitversetzte Einstieg der einzelnen Bereiche im Abstand von etwa vier Wochen vorgesehen. Doch das Team ist sich einig, dass es mehr Sinn macht, wenn alle gleichzeitig starten. Tim hat bereits mit Eugen Effizio darüber gesprochen. Dieser sah kein Problem in der parallelen Einführung. Er bat lediglich darum, dass die Teilnehmerzahl bei den Workshops nicht über 30 Personen liegen sollte. Tim hat ihm zugesichert, darauf zu achten. Insgesamt müssen etwa 42 Mitarbeiter geschult werden.

„Da können wir zwei Gruppen bilden", sagt Tim. „Das ist sogar günstiger, da wir statt drei Workshops dann nur zwei benötigen. Am besten führen wir die Workshops an zwei aufeinander folgenden Tagen durch. Wenn wir die Leute aus verschiedenen Bereichen mischen, kann sogar der normale Geschäftsbetrieb weitergehen."

Tim verschiebt einige der Klebezettel auf der Roadmap und freut sich über dieses flexible und hilfreiche Planungsinstrument. Dann kommt er auf sein nächstes Anliegen zu sprechen:

„In unserem Pilotbereich haben wir bereits Vorbereitungen für ein Mobilitätskonzept getroffen. Nach dem Vortrag auf der Benchmarkveranstaltung ist das Interesse der Menschen groß."

Er zeigt einen Plan mit dem derzeitigen Büro-Layout. Man sieht das Büro von Dieter Kardan mit der Besprechungsecke, das etwas abseits liegt. Im Großraumbüro selbst sind 18 Arbeitsplätze untergebracht. Außerdem gibt es noch einen Besprechungsraum. Gemeinsam überlegt das Team, wie viele von den insgesamt 19 Schreibtischen abgebaut werden können. Tim hat die Anwesenheitsstatistik anhand der Listen aus dem Intranet analysiert. Dabei hat er festgestellt, dass durch Geschäftsreisen, Krankheit und Urlaub die derzeitige Infrastruktur des Büros nur zu etwa 70 % ausgelastet ist.

„Das bedeutet, dass wir im Prinzip sechs Schreibtische zuviel haben", stellt Elke Müller fest. „Die zwei Arbeitsplätze für Lehrlinge und Praktikanten sind sowieso nur schwach ausgelastet."

„Richtig erkannt", sagt Tim. „Vermutlich könnten wir sogar sechs Plätze abbauen, wenn man bedenkt, dass einige von uns doch oft auch mehrere Stunden im Hause unterwegs oder auf Besprechungen sind. Mein Vorschlag ist jedoch, zunächst nur vier Schreibtische zu eliminieren. So haben wir die Flexibilität, auch einmal Praktikanten zu beschäftigen. Und wenn unsere Außendienstler zu Besuch kommen, dann können diese einen Schreibtisch benutzen, ohne jemanden zu nerven."

„Das ist ja irre, was wir da einsparen können", sagt Wolfgang Liebknecht vom Controlling. „Es ist sowieso die Neuanschaffung von modernen Büromöbeln geplant. Und wenn wir da weniger brauchen, dann schlägt sich das in den Ausgaben nieder."

Tim ist froh über die positiven Reaktionen und sagt: „Das neue Layout stelle ich mir so vor, dass das Büro von Dieter Kardan und der Besprechungsraum durch Trennwände in Einzelbüros umgewandelt werden. Das müsste bei guter Planung fünf Ruhe-Arbeitsplätze ergeben. Dann können wir am Ende vom Großraumbüro eine Besprechungszone einrichten, die durch eine Glastrennwand mit Jalousien vom restlichen Büro abgeteilt ist. Der Parkplatz für die Rollcontainer mit den Postfächern muss natürlich in den Eingangsbereich. Ebenso ein fester Arbeitsplatz für das Sekretariat. Dort bringen wir die gemeinsam genutzten Unterlagen mit Zugriffsrecht für alle unter. Direkt beim Sekretariat platzieren wir ebenfalls die Technikzone mit Kopierer, Fax und Drucker. Im restlichen Büro verteilen wir die übrigen Arbeitsplätze in Einzelplätze, Zweiergruppen und Dreiergruppen. So kann in einem kommunikativen Umfeld gearbeitet werden."

Tim würde am liebsten sofort die Handwerker bestellen. Doch selbstverständlich will er seine Pläne erst einmal mit dem Vertriebsteam durchsprechen.

Die Prozessbegleiter sind begeistert. „Hoffentlich funktioniert das Mobilitätskonzept bei euch, damit wir es im ganzen Verwaltungsbereich umsetzen können", sagt Jonny Cantarella.

Audit Level 3

Ein Audit ist nun nichts Neues mehr für die Vertriebsabteilung. Dennoch herrscht aufgeregte Stimmung, als kurz vor zehn Uhr Eugen Effizio eintrifft. Dieses Audit wird vom Team als das bisher anspruchsvollste eingestuft. „Jetzt wird sich's zeigen, ob wir das packen", sagt Martin Schräuble.

Effizio bekommt Unterstützung durch die Prozessbegleiter. Gemeinsam werden die Fragen durchgecheckt. Das Team hat in den vergangenen Wochen viel umgesetzt. Dennoch gibt es einige Schwachstellen.

Nach seiner Devise „Audit ist Schulung" nutzt Eugen Effizio die Gelegenheit, um zu einigen Themen nochmals Kurzschulungen durchzuführen und die Mitarbeiter auf ihrem Weg der Verbesserung zu unterstützen. „Ein ganz wichtiger Punkt ist die Dokumentation der Verbesserungen durch Zahlen, Daten und Fakten. In diesem Punkt mussten wir einige Versäumnisse feststellen. Bitte achten Sie darauf, in Zukunft den IST-Zustand vor den Aktionen und danach die Verbesserungen in der EDV zu erfassen und möglichst mit der Digitalkamera zu dokumentieren. Der Ausdruck einer Erfolgsgrafik und ein paar Fotos zur Visualisierung an der Teamtafel können einen wahren Motivationsschub auslösen. Es ist wichtig, dass Sie immer vor Augen haben, was im Team geleistet wurde."

Effizio bemängelt, dass trotz der Automatisierung einiger Prozesse durch die EDV immer noch zu viel Papier im Umlauf ist.

„Wenn Sie mittelfristig das mobile Raumkonzept anstreben, dann müssen Sie sich an das papierarme Büro gewöhnen. Machen Sie sich mit dem Gedanken vertraut, dass in Zukunft Ihre kompletten Arbeitsunterlagen in einem Rollcontainer Platz finden müssen."

Er betont, dass das Pilot-Team hervorragende Arbeit geleistet hat und auf dem richtigen Weg ist. Inzwischen haben die Prozessbegleiter die Punkte addiert, und Effizio gratuliert dem Team zum bestandenen Audit. Dann verabschiedet er sich, um die Mitarbeiter der anderen Bereiche für den Level 3 zu schulen. Seine Vorgabe für die nächsten Wochen lautet: „Nun ist es Ihre Aufgabe, die Prozessverbesserungen weiter auszubauen und die Standards zu festigen."

Manfred Drehrad, der vor zehn Minuten fast unbemerkt in den Raum gekommen ist, schließt sich den Glückwünschen an. „Wenn Sie Ihre Prozesse und Arbeitsabläufe im Griff haben, steht dem ersten Versuch für ein mobiles Raumkonzept ja nichts mehr im Wege." Er schielt zur Tür, durch die Effizio eben in Richtung Schulungsraum 2 gegangen ist. „Eigentlich müssten Sie ja erst den Level 4 durchlaufen, um reif für das Mobilitätskonzept zu sein, meint unser Berater. Doch Herr Tacho, Herr Dr. Ordner und ich haben beschlossen, hier im Pilotbereich schnellstmöglich eine mobile Lösung einzuführen. Und als Belohnung, weil sie alle so engagiert mitarbeiten, werde ich Ihnen neue Büromöbel spendieren, die optisch ansprechend sind und mit denen sich das Mobilitätskonzept optimal realisieren lässt. Damit wird zwar unser Möbellager noch größer, aber wir haben schon eine Verwendung für unsere ausrangierten Sachen. Unser Zweigwerk in Ungarn kann die Möbel gut gebrauchen."

Ein begeistertes Raunen geht durch den Raum. Manfred Drehrad verabschiedet sich, und die Mitarbeiter machen sich wieder an die

Arbeit. Elke Müller und Martin Schräuble räumen als Freiwillige den Besprechungsraum entsprechend den Standards wieder auf.

Tim Tacho und Dieter Kardan setzen sich noch kurz zusammen. „Das ist ja eine tolle Sache mit den neuen Möbeln", sagt Kardan. Tim erwidert: „Ja, und ich bin davon überzeugt, dass es die Aussicht auf neue Designermöbel den Leuten noch einfacher macht, alte Dinge loszulassen. Und die Wirtschaft wird auch wieder angekurbelt, jetzt, wo wir durch das Vermeiden von Verschwendung die Umsätze der Büroartikelhersteller schmälern."

Kardan lacht: „Die Idee mit Ungarn finde ich super. Wenn die LKWs von dort Ware bringen, dann fahren sie oft halb leer wieder zurück. Die können gut die Büromöbel mitnehmen. Und die Leute freuen sich bestimmt, denn das Werk dort ist nicht besonders gut ausgestattet."

„Dann ist ja mal wieder allen geholfen", freut sich Tim und startet schwungvoll mit der Erledigung seines Tagesgeschäfts.

	Drehrad AG **Dreh mit!**	**Auditfragebogen** **Office Excellence**	Level 3: Prozess- verbesserung Datum:			
	Auditfrage **und höchstmögliche Punktezahl**		**Erreichte** **Punktzahl**			
1	Wurden alle Mitarbeiter nachweislich in den Grundlagen und erforderlichen Vorgehensweisen des Level 3 (Prozessverbesserung, PLS) geschult?		0	I	2	3
2	Wurden die wichtigsten Kernprozesse (3-5) definiert? Nach welchen Kriterien erfolgte die Auswahl der zu verbessernden Prozesse?		0	I	2	3
3	Wurden die Rahmenbedingungen für die ausgewählten Prozesse ermittelt (Fallhäufigkeit, Prozessdaten, beteiligte MA, Fehlerquote)?		0	I	2	3
4	Wurde falls möglich ein quantifizierbares Ziel der Prozessverbesserung vereinbart?		0	I	2	3
5	Wurde jeweils der tatsächliche IST-Zustand dargestellt (Prozessmapping) und auf Verschwendung analysiert?		0	I	2	3
6	Wurden die Potenziale ermittelt und quantifiziert? Sind Ideen der Verbesserung und deren Realisierung im Team erarbeitet worden?		0	I	2	3
7	Wurden verbesserte Prozesse dargestellt und umgesetzt?		0	I	2	3
8	Haben alle Prozessbeteiligten an mindestens einer Problemlösungs-Story mitgewirkt?		0	I	2	3
9	Wurde die Erreichung der festgelegten Ziele überprüft und ggf. weitere Verbesserungen umgesetzt?		0	I	2	3
10	Wurden die neu eingeführten Standards und Prozesse beschrieben, qualifiziert und kommuniziert?		0	I	2	3
	Ergebnis (bestanden >22 Punkte)					

Abbildung: Auditbogen Level 3, Quelle: KAIZEN® Institute Bad Homburg

Mobil, mobiler, am mobilsten!

Das letzte Meeting der Prozessbegleiter vor den Betriebsferien findet statt. Alle sind begeistert von den Veränderungen, die momentan im gesamten Verwaltungsbereich geschehen. Jonny Cantarella erzählt begeistert: „Die Leute haben richtig Spaß an den Methoden **Prozessmapping** und **Problemlösungsstory** gefunden. Ob es nun um die Postverteilung geht, Probleme mit der Einhaltung einer Corporate Identity oder Terminprobleme in der Buchhaltung – die Problemlösungsstory hat weitergeholfen. Zu lange Durchlaufzeiten bei der Bestellung von Visitenkarten für die Mitarbeiter oder die Nichteinhaltung der Skontotermine bei der Bezahlung von Lieferantenrechnungen wurden durch Prozessmapping verbessert."

Tim betont gegenüber den Prozessbegleitern, dass die Prozessverbesserungen im Level 3 weiterhin vorangetrieben werden müssen.

Was die Einführung des Level 4 im Pilotbereich betrifft, so sind sich alle einig, dass die Zeit dafür noch nicht reif ist. „Wir werden nach den Sommerferien einen neuen Termin festlegen. Das habe ich mit Effizio schon abgestimmt", sagt Tim. Er beendet das Meeting und begibt sich direkt ins Büro von Dieter Kardan.

Tim Tacho möchte die anstehenden Betriebsferien nutzen, um die Vertriebsabteilung komplett neu in Richtung **Mobiles Raumkonzept** zu gestalten. Die drei Wochen, in denen die Geschäftstätigkeit ruht, eignen sich bestens für eine solche Maßnahme.

Dieter Kardan hält es für eine gute Idee, den Umbau und die Renovierung in die Zeit der Betriebsferien zu legen. Da beide den Urlaub zu Hause verbringen, möchten sie der Geschäftsleitung vorschlagen, die Renovierungsarbeiten zu koordinieren.

Um 14 Uhr beginnt die Sitzung der Führungskräfte. Tim und Kardan stellen ihre Pläne zur Einführung des Mobilitätskonzepts vor. Manfred Drehrad gibt sofort grünes Licht. Er ist begeistert von der Idee, die Umstellung während der Betriebsferien in Angriff zu nehmen.

„Beim Aufräumen vor dem Urlaub fällt das Loslassen sicher leichter. Und wenn die Leute dann erholt zurückkommen, stecken sie die Anfangsschwierigkeiten der Umstellung sicher leichter weg."

Tim erläutert, wie er das Ganze praktisch abwickeln möchte. Mobiltelefone sind zum großen Teil schon vorhanden, so dass es da keine Probleme geben dürfte. „Vielleicht sollten wir noch ein paar schnurlose Headsets zum Test anschaffen. Herr Effizio hat mich davon überzeugt, dass es von Vorteil ist, während eines Telefonats beide Hände frei zu haben", erläutert er. „Außerdem benötigen wir einen EDV-Experten. Herr Schnorr hat sich bereit erklärt, seinen Urlaub zu unterbrechen und uns zu helfen."

„Das haben Sie bestens organisiert, Herr Tacho", lobt Manfred Drehrad. „Ich vertraue Ihnen und erteile Ihnen hiermit die volle Handlungsfreiheit in dieser Sache." Tim bedankt sich und klinkt sich zusammen mit Dieter Kardan aus der Versammlung aus.

Kurz vor Beginn der Ferien trommelt Tim die Mitarbeiter der Vertriebsabteilung zusammen. Gemeinsam mit Dieter Kardan erläutert er das Konzept für die Renovierung und den Umbau der Bürolandschaft.

‚Jetzt wird's ernst", sagt Martin Schräuble. ‚Bald ist's vorbei mit der Gemütlichkeit des eigenen Schreibtisches."

„In der Tat", erwidert Tim. „Bitte räumen Sie vor dem Urlaub nochmals alle Schreibtische und Regale aus. Wir haben am Ende des Flurs einen Archivraum eingerichtet, wo Sie mittelfristig eventuell noch benötigte Unterlagen einordnen können. Für Ihre aktuellen Arbeitsunterlagen stehen ab sofort Rollcontainer zur Verfügung. Jeder Container hat einen Auszug für die Hängemappen, ein Regalfach für Ordner, ein Ablagefach und eine Schublade für Büromaterial. Die Container werden mit Namen beschriftet und rollen morgen an

Ihren Arbeitsplatz. Hausmeister Flink ist schon mit dem Auspacken und Montieren beschäftigt."

Dieter Kardan fügt hinzu: „Bevor Sie Ihren Schreibtisch in Richtung Urlaubsziel verlassen, müssen alle Ihre Unterlagen im Container bzw. im Archiv untergebracht sein. Bitte räumen Sie die Schreibtische und Regale komplett aus und bringen Sie alle persönlichen Dinge in Sicherheit. Die abschließbaren Rollcontainer werden während der Renovierungsarbeiten im Flur geparkt. Also verabschieden Sie sich vor dem Urlaub von Ihrem festen Arbeitsplatz."

„Apropos verabschieden", sagt Elke Müller. „Wir müssen an die Fotos denken. Sonst glaubt uns das später wieder keiner."

„Danke für den Hinweis", sagt Tim. „Das hätte ich fast vergessen. Ich werde im Anschluss gleich ein paar Erinnerungsfotos schießen."

Betriebsferien – nicht für alle

Die Betriebsferien stehen vor der Tür. Am letzten Arbeitstag ist es ruhig, da die Ferien mit dem Hauptkunden „Luxusmobile" abgestimmt wurden und diese nun auch schon die Produktionsanlagen auf die Betriebsruhe vorbereiten. Hektisch geht es nur noch in der Vertriebsabteilung zu. Die Mitarbeiter treffen sich zu einer Besprechung, um das neue Bürolayout endgültig festzulegen.

Das Mobilitätskonzept ist Neuland, und es sind noch viele Ängste da. Deshalb schlägt Tim Tacho vor, die Umbauarbeiten wie geplant durchzuführen, jedoch die Reduzierung der Anzahl von Arbeitsplätzen erst mal mit Netz und doppeltem Boden zu testen:

„Wir möchten drei Arbeitsplätze komplett abbauen. Um zu testen, ob das wirklich funktioniert, werden wir dort, wo die Besprechungszone geplant ist, vorläufig drei der alten Schreibtische aufstellen. Diese sperren wir mit Baustellenband ab, damit sie nicht benutzt werden. Doch für den Notfall sind sie noch da. Die Möbel für die Besprechungsecke haben wir sowieso noch nicht ausgesucht. Es reicht, wenn wir diese in einigen Monaten einrichten. Dann entscheiden wir endgültig, ob wir mit drei Schreibtischen weniger auskommen, als wir Mitarbeiter im Team haben."

Nachdem die Details abgesprochen sind, kommt noch mal richtig Leben in die Bude; es wird ausgeräumt, aussortiert und archiviert.

„Das ist ja fast wie bei einer 5A-Aktion", stellt Dieter Kardan fest. „Stimmt", sagt Tim lächelnd, „das kann nichts schaden." Er geht zum Archivraum und schaut dort nach dem Rechten. „Dieses Archiv bitte nur für die aktuellen Sachen verwenden. Dinge, die nur wegen der Aufbewahrungsfrist archiviert werden, kommen ins Kellerarchiv, und zwar mit Verfallsdatum."

Martin Schräuble fühlt sich ertappt und bewegt sich mit einem voll gepackten Karton wieder rückwärts zur Tür. Dann schnappt er sich einen dicken Filzstift und begibt sich mit dem Karton zum Aufzug. Tim grinst: „Nur weg mit den ollen Kamellen. Für so etwas haben wir in Zukunft hier keinen Platz mehr!"

Nachdem sich alle in die Ferien verabschiedet haben, geht Tim noch einmal durch das nahezu leer geräumte Büro. Er stellt sich in Gedanken schon das neue Layout vor. Dann geht er nach Hause und holt Thea ab. Gemeinsam bringen sie Marco zu den Großeltern, denn sie gönnen sich heute mal wieder einen Abend zu zweit.

Beim Italiener erzählt Tim zwischen Antipasti und Pizza von seinem heutigen Tag. Thea hört interessiert zu und sagt: „Wenn du jetzt Urlaub hast und ein paar Tage zu Hause bist, dann könnten wir ja das Wohnzimmer renovieren. Ich habe mir schon überlegt, wie wir die Möbel neu anordnen könnten."

„Das habe ich nun davon", denkt Tim bei sich. Aber es freut ihn, dass Thea an dem Thema Kaizen so interessiert ist und immer überlegt, welche Verbesserungen in ihrem Haushalt möglich sind.

„Ja, das können wir schon machen", antwortet er. „Ich werde zwar hin und wieder in der Firma sein, um die Renovierung zu überwachen, aber das kriegen wir schon hin. Welche Veränderungen möchtest du denn vornehmen?"

„Mich stört schon lange das zweite Sideboard in der Essecke, das den Durchgang zum Wohnzimmer verengt. Wenn wir noch ein paar unnötige Dinge aussortieren, dann können wird das gute Stück entfernen. Ich werde versuchen, es übers Internet zu verkaufen. Wir haben damals einfach zu viele Möbel gekauft und die Wohnung voll gepackt."

„Da hast du Recht", sagt Tim. „Mir fehlt langsam auch die Luft zum Atmen, wenn alles so voll gestellt ist. Was hältst du davon, wenn wir die Couchgarnitur ebenfalls verkaufen und durch etwas Leichteres ersetzen?"

Ein Strahlen geht über Theas Gesicht. Sie konnte das wuchtige Ecksofa mit den beiden riesigen Sesseln noch nie leiden. Aber als Tims Eltern in eine kleinere Wohnung zogen und ihnen die Sitzgruppe für das neue Haus schenkten, kam ihnen das gerade recht, da das Geld knapp war. „Können wir uns das überhaupt leisten?", fragt sie besorgt.

Tim lacht: „Erstens hat es Urlaubsgeld gegeben, und zweitens werde ich zu Beginn des nächsten Jahres befördert zum Abteilungsleiter Vertrieb, was mit einer schönen Gehaltserhöhung verbunden ist."

Thea fällt ihm fast um den Hals. „Und das erzählst du mir so nebenbei! Und was ist mit Dieter Kardan?" „Der wird Nachfolger von Dr. Ordner, der das Unternehmen verlässt."

Thea kann vor Aufregung kaum noch was essen. „Ich freue mich ja so für dich", haucht sie. In Gedanken sieht sie schon das knallblaue Ledersofa und den gelben Designersessel aus dem Ausstellungsraum von Möbel-Multi in ihrem renovierten Wohnzimmer stehen. Gemeinsam überlegen sie, was sie nach der Renovierung noch alles weglassen können, und es wird ein ganz vergnügter Abend.

In der nächsten Woche schaut Tim morgens immer mal wieder bei der Drehrad AG vorbei. Er instruiert die Handwerker und den

Hausmeister, der die ganze Zeit anwesend ist. Nach einer guten Woche erstrahlt das Büro in neuem Glanz. Das zarte Gelb an den Wänden bewirkt eine freundliche Atmosphäre und harmoniert sehr gut mit dem neuen Bodenbelag. Die elektrischen Leitungen und die Kabelkanäle für die EDV wurden neu verlegt, und heute sollen die neuen Möbel angeliefert werden.

Gemeinsam mit Dieter Kardan und Hausmeister Flink schafft Tim drei der alten Schreibtische in die renovierte Besprechungszone. Es bereitet ihm Vergnügen, die Schreibtische mit Baustellenband zu umspannen und somit zur gesperrten Zone zu machen.

Der Raum wird plötzlich dunkel, weil ein großer LKW vor dem Büro parkt. „Das sind die Möbel", ruft der Hausmeister und läuft zur Tür. Tim und Dieter Kardan beobachten, wie die neuen Schreibtische angeliefert werden, und geben Anweisungen zur Aufstellung. Nach zwei Stunden steht das neue Layout. Der Hausmeister befestigt die Regale mit den Postfächern am Containerparkplatz. Tim holt die Rollcontainer vom Flur und parkt sie an der vorgesehenen Stelle.

Zufrieden durchwandert er das neue Büro und setzt sich kurz an jeden Arbeitsplatz. Morgen wird Guido Schnorr die Computer installieren. Per Passwort kann dann jeder von allen Arbeitsplätzen auf seine Daten zugreifen. Außerdem sind an jedem Schreibtisch Anschlüsse für Notebooks vorhanden, die einen Zugriff auf Internet und Intranet möglich machen.

„Gefällt mir sehr gut", sagt Dieter Kardan, „wenn auch noch alles ein wenig kahl ist. Aber mit den Leuten wird auch wieder Leben hier hereinkommen." Er testet gerade einen höhenverstellbaren Schreibtisch, der auch als Stehpult verwendet werden kann. „Das ist ja richtig ergonomisch, ganz zu schweigen von dem tollen Design", sagt er. „Da wird es mir doppelt so schwer fallen, die Abteilung im nächsten Jahr zu verlassen."

Beide sind gespannt auf die Reaktionen, wenn die Mitarbeiter vom Urlaub zurückkommen. Doch nun ist die Ferienaktion beendet, und die beiden wollen noch die restlichen Urlaubstage genießen.

Für Tim wird es nicht gerade erholsam, denn die Renovierungsarbeiten in seinem Wohnzimmer sind in vollem Gange. Gemeinsam mit Thea hat er die Wände neu gestrichen. Es haben sich Käufer für das Sideboard und die Sitzgruppe gefunden. Der wuchtige Couchtisch gefällt dem Sofakäufer so gut, dass er den auch gerne haben möchte. Leichten Herzens machen ihm Tim und Thea dafür einen guten Preis und sind froh, den auch loszuwerden.

Am letzten Tag von Tims Urlaub sitzen sie zufrieden im neuen Wohnzimmer, das nicht wieder zu erkennen ist. Thea hat ihre Designermöbel bekommen. Der Zufall wollte es, dass das Möbelhaus gerade umdekoriert wurde. Die Ausstellungsstücke waren zum Sonderpreis und ohne Lieferzeit zu haben.

„Jetzt fühle ich mich richtig wohl", murmelt Tim und kuschelt sich auf dem neuen Sofa an Thea.

„Ich auch", antwortet sie. „Und unser Marco hat jetzt mehr Platz zum Spielen." Sie bedankt sich bei Tim mit einem innigen Kuss.

Rückkehr in eine neue Welt

Am ersten Arbeitstag nach den Betriebsferien steht Tim früh auf, um der Erste zu sein. Er spürt, dass eine neue, aufregende Zeit auf ihn zukommen wird. Im Hinblick auf seinen künftigen Posten als Abteilungsleiter ist er froh, dass er sich nicht in ein isoliertes Chefbüro zurückziehen muss. Er ist eher ein kommunikativer Mensch, der den Kontakt zum Team sucht.

Bereits um halb sieben betritt er das Büro und trifft auf die Sekretärin. „Guten Morgen, Frau Zimmer", begrüßt er sie herzlich. „Auch schon so früh auf den Beinen?"

Andrea Zimmer erwidert: „Ja, ich muss doch die Post verteilen. Da dachte ich, es ist besser, wenn ich etwas früher komme. Außerdem war ich neugierig auf unser neues Büro."

„Und wie gefällt es Ihnen?", fragt Tim.

„Auf den ersten Blick ganz gut", antwortet sie. „Muss mir das alles noch genauer anschauen. So wie ich das sehe, habe ich hier im Empfangsbereich sowieso meinen festen Arbeitsplatz."

„Das ist richtig", sagt Tim. „Ihr Arbeitsplatz ist das Herz unseres Bereiches, die Zentrale sozusagen."

Andrea Zimmer findet sich gut zurecht und verteilt als Erstes die Post in die Fächer der einzelnen Kollegen über den Rollcontainern. Da hat sich einiges angesammelt.

Um sieben Uhr erscheint eiligen Schrittes Martin Schräuble, gefolgt von Elke Müller.

„Wer zuerst kommt, kann sich den besten Platz krallen", stellt Schräuble pragmatisch fest und sucht seinen Rollcontainer. Tim weist ihn gleich darauf hin, dass das nicht Sinn der Sache ist, sondern dass jeder den Arbeitsplatz nach seinen Bedürfnissen auswählen soll. Schräuble bekundet, dass er heute unbedingt ein Einzelbüro benötigt, um in Ruhe die liegen gebliebenen Dinge aufzuarbeiten.

„Könnte es nicht sein, dass es in Ihrer Post viele Dinge gibt, die mit Kollegen geklärt werden müssen?", fragt Tim. „Dann wären Sie nämlich in der kommunikativen Zone besser aufgehoben."

Schräuble will es sich noch mal überlegen, zieht sich dann mit seinem Rollcontainer aber doch in ein Einzelbüro zurück.

Nach und nach erscheint der Rest der Belegschaft, und alle sind von dem neuen Ambiente begeistert. Kurt Spiegel kommt zum Schluss und ist etwas verärgert darüber, dass nur noch der Platz am Durchgang frei ist, wo viele Leute vorbeilaufen. „Ob ich mich da auf meine Arbeit konzentrieren kann", brummt er vor sich hin.

Das wird ihm tatsächlich schwer fallen, denn ab zehn Uhr setzt ein wahrer Besucherstrom ein.

Manfred Drehrad betrachtet das neue Büro mit Wohlgefallen. Er begrüßt jeden Mitarbeiter mit Handschlag und weist in einer kurzen Ansprache darauf hin, dass nun ein neues Bürozeitalter in der Firma Drehrad beginnt. Aus allen Abteilungen strömen Leute herbei, um das Büro der Zukunft zu betrachten.

„Ich komme mir vor wie ein Affe im Zoo", sagt Martin Schräuble, der gerade in seinem Einzelbüro mit Glasfront von Dieter Kardan besucht wird.

„Das wird sich legen", beruhigt ihn dieser. „Im Moment wollen eben alle sehen, was sich hier getan hat. Ich glaube, wir müssen heute Nachmittag abschließen, damit die Leute in Ruhe arbeiten können."

Da steckt Marketingleiterin Anette Feder den Kopf durch die Tür und verkündet freudestrahlend: „Heute Mittag kommen eine Journalistin und ein Fotograf von der Lokalzeitung, um über unser zukunftsweisendes Büro zu berichten."

„Schön, dann bekommen wir ja wieder mal eine gute PR", sagt Dieter Kardan. Martin Schräuble verdreht nur entsetzt die Augen und denkt: „Ich hätte heute morgen doch das Sakko anziehen sollen, wenn ich jetzt vielleicht in die Zeitung komme."

Tim ist mit der Digitalkamera zugange und hält das bunte Treiben fest. Am Nachmittag macht er gleich eine Dokumentation für die Teamtafel im Flur fertig. Auch am Kantineneingang bringt er ein Exemplar an und leitet die Infos gleich an die Redaktion der Hauszeitschrift weiter. Dann empfängt er die Presseleute und erklärt das „**Dreh mit!**"*-Konzept*.

Der Fotograf macht viele Bilder beim Rundgang. Er verspricht Tim, ihm die Fotos zukommen zu lassen.

„War das ein Rummel", denkt Tim am Abend. Er ist der Letzte, der das Büro verlässt. Sein Weg führt ihn noch einmal an den eingeparkten Rollcontainern vorbei, und er freut sich über das ordentlich aufgeräumte Büro. Erschöpft macht er sich auf den Heimweg und lässt den Tag noch einmal Revue passieren. Da einige noch im Urlaub sind, blieben die drei abgesperrten Schreibtische bisher unberührt. Tim ist zuversichtlich, dass dies auch so bleiben wird, denn ab der nächsten Woche geht es bei vielen wieder mit Auswärtsterminen los.

Thea erwartet ihn mit einem sommerlichen Salat zum Abendessen. Er muss ihr alles haarklein erzählen. Thea ist so neugierig, dass sie ankündigt, Tim noch in dieser Woche an seinem Arbeitsplatz zu besuchen. „Nur mal langsam", meint dieser. „Das Büro wird hoffentlich noch eine Weile bestehen. Im Moment kommen die Leute mit der Arbeit nicht nach und fühlen sich durch die vielen Besucher wie die Tiere im Zoo." Er zeigt ihr seine Fotos und kündigt an, dass in dieser Woche noch ein Bericht in der Lokalzeitung kommt.

Level 4: Optimierungen im Team

Es sind zwei Monate seit der Einführung des Mobilitätskonzepts vergangen. Heute kommt Eugen Effizio, um mit einem Workshop den Einstieg des Teams in den Level 4 zu starten. Er fragt Tim nach seinen Erfahrungen mit der neuen Arbeitsweise.

„Wir sind sehr zufrieden", erläutert Tim. „Die meisten kommen ganz gut klar damit, und auf diese Weise wird wirklich Ordnung gehalten und nichts Überflüssiges mehr angesammelt. Ich habe auch das Gefühl, dass sich Blockaden in den Köpfen lösen und die Leute ihre Einstellung und ihre Arbeitsweise verändern. Natürlich gibt es auch Probleme. So haben sich Kurt Spiegel und Martin Schräuble zu Frühaufstehern entwickelt, damit sie immer die Einzelbüros in Beschlag nehmen können."

„Ja, solche Verhaltensweisen wird man nie ganz verhindern können", sagt Effizio. „Die Frage ist nur, wie die anderen damit umgehen".

Tim lacht: „Elke Müller ist da ganz rigoros. Wenn Schräuble das Büro belegt und dann zwei Stunden im Hause unterwegs ist, kann es schon vorkommen, dass sie seinen Rollcontainer auf den Parkplatz fährt und selber das Büro belegt. Inzwischen gilt die Regel: Wer länger als eine Stunde nicht an seinem Arbeitsplatz ist, der muss diesen räumen und sich später einen neuen suchen."

„Das klingt ja ganz gut", freut sich Effizio. „Nun wollen wir uns wieder an die Reihenfolge halten und in den Level 4 einsteigen, obwohl Sie sich durch das Vorziehen des Mobilitätskonzepts teilweise schon im Level 5 bewegen."

Inzwischen hat sich die erste Gruppe für die Einstiegsschulung versammelt.

Effizio begrüßt alle und fragt zuerst nach den Erfahrungen im Level 3 seit dem letzten Treffen.

Sandra Schwarz erzählt begeistert, dass vieles jetzt flüssiger läuft und die Durchlaufzeiten einiger Vorgänge erheblich verkürzt wurden.

„Mich hat schon ein Kunde darauf angesprochen, was denn bei uns passiert sei, dass plötzlich alles so schnell und zuverlässig erledigt wird", berichtet Mark Steuer.

‚Es ist jetzt ein viel ruhigeres Arbeiten, besonders wenn man im Einzelbüro sitzt", sagt grinsend Martin Schräuble und erntet dafür einige erboste Blicke.

„Nun gut", sagt Eugen Effizio. „Wir wollen uns heute weiter verbessern durch die Optimierung im Team. Das ist das Thema vom Level 4."

Effizio bewegt sich in Richtung Flipchart, um Stichworte zu notieren.

„Die neue Methode, auf die wir uns heute konzentrieren, ist das visuelle Management. Sie haben ja bereits einige Teamtafeln angebracht. Dieses hilfreiche Instrument soll nun weiter ausgebaut werden. Wir sind jetzt in einer Phase, in der jeder Einzelne von Ihnen mehr Selbstverantwortung übernehmen kann. Sie werden sehen, dass dann die Arbeit noch mehr Spaß macht.

Wir wollen heute Ziele für das Team setzen und uns die Maßnahmen dazu überlegen. Mit Hilfe der Teamtafeln wird der Grad der Umsetzung visualisiert. Es ist für alle jederzeit nachvollziehbar, wo das Team steht."

Effizio geht zur Präsentationstafel und fährt fort: „Auch Sie sollten sich persönliche Ziele setzen, zum Beispiel Qualifikationsziele. Mit Hilfe einer Matrix verschaffen wir uns einen Überblick über Ihre Qualifikationen. Daraus leiten wir dann die erforderlichen Weiterbildungsmaßnahmen ab."

Er zeichnet eine Tabelle auf die Präsentationswand. Die vertikale Spalte ist für die Namen der Mitarbeiter reserviert, die horizontale für die Art der Qualifikation.

„Welche Qualifikationen benötigen Sie in Ihrer Abteilung, um die Aufgaben zu erfüllen?", fragt Effizio in die Runde.

„EDV-Kenntnisse", sagt Elke Müller. Effizio bittet darum, diese zu konkretisieren, und trägt in den Kopf der Tabelle ein: Lotus Notes, Excel, Word, Power Point, Intranet.

Weitere Vorschläge sind: Preiskalkulation, Angebotserstellung, Terminplanung/-überwachung, Rhetorik.

Dann bittet Effizio darum, dass die Mitarbeiter ihre Namen eintragen und den Stand ihrer Qualifikation in der Tabelle kennzeichnen.

„Ein leerer Kreis bedeutet, dass keine Qualifikation zu diesem Thema vorhanden ist, ein voller Kreis, dass Sie diese Anforderung beherrschen, und ein halbvoller Kreis, dass Grundkenntnisse da sind", erläutert Effizio.

Alle tragen sich ein und komplettieren die Matrix.

„Diese Matrix ist eine gute Basis für Ihre Planungen", sagt Effizio. „Zum einen haben wir jetzt den Überblick darüber, wer welche Aufgaben erledigen kann. Zum anderen sehen wir, wo noch Lücken sind, und können eine Zielplanung für Ihre Weiterbildung machen."

Er schlägt vor, dass die Qualifikationsmatrix im Intranet gespeichert und von den einzelnen Mitarbeitern selbstständig aktualisiert wird. Elke Müller und Sandra Schwarz erklären sich bereit, die Patenschaft für die Teamtafel zu übernehmen und die Ausdrucke mindestens einmal pro Woche zu aktualisieren.

„Eine weitere Methode ist die Excellence Score Card. Damit wissen Sie immer, wo Sie stehen", erklärt Effizio.

„Sie können Unternehmensziele, Teamziele oder Ihre persönlichen Ziele, wie zum Beispiel Ihr Qualifikationsprofil, erfassen. Die Visualisierung der Ziele mit Soll-Ist-Vergleich oder Vorher-Nachher-Zustand bietet eine große Transparenz. Es können positive Daten wie Umsatzsteigerung, Qualitätsverbesserung oder Fehlzeitenminimierung erfasst werden. Die grafische Darstellung zeigt Ihnen, ob Sie auf dem richtigen Weg sind. Aber auch negative Daten wie Verluste, Reklamationen oder hoher Ausschuss sollten an der Teamtafel gezeigt werden. Je eher Sie die Signale für den Handlungsbedarf und für Kurskorrekturen erkennen, desto besser ist das für Ihr Unternehmen."

Effizio zeigt Beispiele von anderen Firmen. So wurden Vertretungspläne, Qualifikationsprofile der Mitarbeiter, Unternehmensziele, Bereichsziele und Maßnahmenpläne für die Teamtafel aufbereitet. Auch die Urlaubsplanung und die Erfassung der Krankheitstage im Team stellen die Profis des visuellen Managements grafisch dar.

„Nun sind Sie dran, Ihre Zielsetzungen herauszukristallisieren und Kennzahlen und Maßnahmenpläne grafisch zu erfassen. Die Prozessbegleiter und ich werden Ihnen beratend zur Seite stehen."

Tim Tacho schaltet sich ein: „Als Basis für die Zielsetzungen in unserem Bereich und damit auch für die Ziele jedes Einzelnen stehen die Unternehmensziele." Er notiert am Flipchart unter der Überschrift *Unternehmensziele* folgende Punkte:

- Kundenzufriedenheit
- Qualität in allen Bereichen
- Produktivität

- Mitarbeiterzufriedenheit
- gute Qualifikation der Mitarbeiter
- Wirtschaftlichkeit

„Was können wir aus dem Ziel Kundenzufriedenheit für unseren Bereich ableiten?", fragt er in die Runde.

„Wir müssen den Kunden einen guten Service bieten, freundlich sein und pünktlich liefern", bemerkt Kurt Spiegel.

„Richtig", sagt Tim und notiert die Punkte. „Und daraus können wir gleich für unser Qualifikationsprofil die Vertriebsschulung ableiten. Sie sehen, wie sehr die einzelnen Aspekte doch miteinander verknüpft sind."

Effizio schaltet sich ein: „Wir müssen jetzt die Ziele klar formulieren und über Kennzahlen messbar machen. Dabei lautet das Motto **Vom Ziel über die Kennzahl zur Maßnahme**. Das heißt, wir müssen die Unternehmensziele herunterbrechen bis zu Ihnen, den Mitarbeitern. Wenn wir zum Beispiel die Produktivität der Firma nehmen, dann hängt diese in erster Linie davon ab, was jeder einzelne Mitarbeiter leistet. Ob das nun ein gut organisierter Arbeitsplatz, gute Qualifikationen, wenig Fehlzeiten oder das Einbringen von Ideen zur Verbesserung sind – alles wirkt sich auf das große Unternehmensziel, die Steigerung der Produktivität, aus."

Tim fügt hinzu: „Nehmen wir das Unternehmensziel **Qualität**. Dafür können an der Basis folgende Daten erfasst werden." Er notiert auf dem Flipchart die Begriffe **Anzahl der Fehler**, **Reklamationen** und **Audit-Ergebnisse**. „Das sind konkrete Punkte, die jeder von uns im Hinblick auf das Unternehmensziel Qualität beeinflussen kann."

Er erläutert ein weiteres Beispiel: Das Unternehmensziel **Wirtschaftlichkeit** bedeutet im Team zum Beispiel die Senkung der Projektkosten, die Einhaltung des Budgets, die Optimierung der Büromaterialkosten und die Elimination von Verschwendung.

„Nach der Theorie geht es jetzt wieder an die praktische Umsetzung." Tim verweist auf die Unternehmensziele am Flipchart und bittet die Mitarbeiter, aufgeteilt in fünf Gruppen, die Ziele für ihren Bereich abzuleiten und Maßnahmenpläne zu erarbeiten.

Mit Hilfestellung von Eugen Effizio und Tim Tacho erarbeiten die Teams erste Zieldefinitionen und Maßnahmenpläne, die dann nochmals in der ganzen Gruppe diskutiert und ergänzt werden. Bevor sich Effizio verabschiedet, bittet er um ein kurzes Feedback über den heutigen Tag.

‚Jetzt ist mir erst klar, was ich hier überhaupt zum Erfolg beitrage", stellt Martin Schräuble fest.

„In Zukunft werde ich noch zielorientierter und motivierter arbeiten. Denn wenn man die Zusammenhänge kennt, versteht man auch den Sinn der eigenen Tätigkeit besser, und es macht einfach mehr Spaß", sagt Sandra Schwarz.

„Ich freue mich auf die Teamtafel, mit deren Hilfe wir uns unsere Erfolge und Ziele täglich vor Augen führen können", bemerkt Elke Müller. „Die Tafel nehme ich sofort als Station in unseren ‚*Dreh mit!'-Lehrpfad* auf."

Manfred Drehrad schaut kurz vorbei, um sich über den Stand der Dinge zu informieren. Tim und Effizio erläutern kurz den Inhalt des heutigen Workshops und zeigen einige Ergebnisse. Drehrad ist sichtlich beeindruckt.

„Das wird ja immer besser", sagt er. „Ich sehe schon vor mir, wie wir die erfassten Zahlen von allen Bereichen zusammenführen und den Fortschritt im Hinblick auf unsere Unternehmensziele verfolgen können."

Weitere Fortschritte

Schon wieder ist ein Jahr vergangen. Oft sind die Leute durch das *Tal der Tränen* gegangen, und Tim Tacho musste lernen, dass Eugen Effizio mit seiner Aussage, dass man für Kaizen drei Dinge braucht, Recht hatte. Diese drei Dinge sind *Geduld, Geduld und Geduld*. Inzwischen hat Tim als Leiter Vertrieb und Kaizen-Koordinator alle Hände voll zu tun. Er wird tatkräftig von Elke Müller unterstützt, die zu seiner Assistentin ernannt wurde.

Martin Schräuble wurde Nachfolger von Tim als Teamleiter. Bei ihm konnte man besonders gut eine Verwandlung durch das neue Arbeitsumfeld beobachten. Früher betrachtete er seinen Schreibtisch als eine Art Festung und war nicht sehr kommunikativ. Als das mobile Raumkonzept eingeführt wurde, flüchtete er in den ersten Wochen so oft wie möglich in das Einzelbüro. Doch mit Einführung der Teamtafeln zur Zielplanung muss es in seinem Kopf *klick* gemacht haben. Er hat sein Qualifikationsprofil durch den Besuch von Fortbildungsseminaren deutlich verbessert und freut sich über seine Fortschritte. Inzwischen findet man ihn oft im Großraumbüro. Er sucht den Kontakt zu den Kollegen und bemüht sich eifrig, die Abläufe weiter zu optimieren. Alle haben Spaß an der Verfolgung ihrer Ziele anhand der Teamtafeln. Martin Schräuble brachte es auf den Punkt: „Endlich sehen wir einen Erfolg und können die Fortschritte anhand der Zahlen sogar messen und an der Visualisierungstafel verfolgen."

Die nächsten Monate stehen im Pilotbereich ganz im Zeichen der Zielplanung und der konkreten Umsetzung der Ziele. Die übrigen Bereiche konzentrieren sich auf die Umsetzung der Verbesserungsmöglichkeiten im Level 3, und die Audits stehen bevor. Manfred Drehrad hat versprochen, die komplette Auditierung des Verwaltungsbereichs im Level 3 wieder mit einem Sommerfest zu belohnen.

Es ist ein warmer Sommertag. Tim sitzt an einem Arbeitsplatz im Kommunikationsbereich und blickt auf die modern gestaltete Besprechungszone. Durch die Glaswand sieht er die farbenfrohen Bilder an der Wand. Manfred Drehrad ist ein Kunstfan und hat mit dem Kauf der plakativen Ölgemälde eine junge Künstlerin unterstützt. Die Steinskulptur in der Mitte des Raumes stammt von einem ortsansässigen Bildhauer. Die Besprechungszone war drei Monate nach der Entstehung des mobilen Raumkonzepts eingerichtet worden. Es hatte sich schnell gezeigt, dass die zunächst dort untergebrachten abgesperrten Schreibtische tatsächlich nicht mehr benötigt wurden.

Die Besprechungszone kann auch als Ruhe-Arbeitsplatz verwendet werden, und bei Bedarf schützen Rollos vor neugierigen Blicken.

In fünf Minuten erwartet Tim die Prozessbegleiter zum Meeting. Elke Müller hat schon Kaffee und Gebäck auf dem Besprechungstisch verteilt. Für das Meeting ist eine Stunde eingeplant. Pünktlich begrüßt Tim die Kollegen und stellt kurz die Themen vor.

„Ich finde es super, dass wir nun unsere Audits und Workshops ohne die Hilfe von Eugen Effizio durchführen können. Inzwischen sind wir ja echte Kaizen-Profis geworden", stellt er zur Einleitung fest. „Wie sieht es aus mit dem Audit für den Level 3 in zwei Wochen?", fragt er.

„Wir sind gut vorbereitet", sagt Jonny Cantarella. „Fast alle Bereiche haben viel geleistet und freuen sich darauf, die nächste Stufe zu erklimmen. Nur die Buchhalter machen mir noch Sorgen. Die haben sich mit Prozessmapping und Problemlösungsstories ziemlich zurückgehalten."

„Dazu muss man aber sagen, dass die zum Glück schon immer ihre Prozesse im Griff hatten. Das liegt wohl in der Natur dieser Art von Arbeit. Buchhalter sind sehr korrekte und gut organisierte Menschen. Das muss auch so sein, damit die Finanzen stimmen", erläutert Wolfgang Liebknecht. „Deshalb sollten wir da nicht so strenge Maßstäbe anlegen."

„Ja, sonst fällt noch unser Sommerfest aus, wenn die das Audit nicht bestehen", befürchtet Juliane Werder.

„Also, mauscheln wollen wir nicht", sagt Tim. „Ich schlage vor, dass sich Frau Baumann und Herr Liebknecht noch einmal intensiv um die Prozessverbesserung im Rechnungswesen kümmern. Sicher gibt es auch dort noch einige Muda-Schätze. Zur Not verschieben wir das Audit im Rechnungswesen auf den Herbst. Manfred Drehrad wird wegen des Festes schon ein Auge zudrücken, zumal die Band und das Catering schon bestellt sind", sagt er mit einem Seitenblick auf Elke Müller.

Mit dieser Lösung sind alle einverstanden. Dann wird diskutiert, wie am besten der Level 4 angepackt wird. Die Prozessbegleiter sind sich einig, dass sie es schaffen, selbst die Workshops durchzuführen und die Bereiche bei der Einführung von Teamtafeln, Zieldefinitionen und Maßnahmenplänen zu begleiten.

„Ja, und dann steht zum Jahresende noch unser Audit im Level 4 an. Brauchen wird dazu Eugen Effizio, oder schaffen wir das selbst?", fragt Tim.

„Ich würde ja gerne den Effizio mal wieder sehen, der hat so schöne blaue Augen", sagt Elke Müller. „Aber ich befürchte, dass wir es auch ohne ihn schaffen."

Tim schlägt vor, ein Qualifikationsprofil für die Prozessbegleiter zu erstellen. „Wir stellen die Matrix ins Intranet, dann haben Sie immer sofort Zugriff. Dort finden Sie übrigens auch das neue Seminarprogramm des Instituts für Office Excellence. Bitte überlegen Sie, welche Kurse Sie im nächsten Jahr besuchen möchten. Dann können wir in unserem nächsten Meeting die Budgetplanung besprechen."

Tim erklärt das Meeting für beendet. Die Dauer von einer Stunde wurde leicht überschritten, aber im Vergleich zu früher hält sich das nach seiner Meinung immer noch im Rahmen. Er zieht sich zurück

142

an seinen temporären Arbeitsplatz und schaut sich die Berichte der Prozessbegleiter an.

Er stellt fest, dass Elke Müller im Vertriebsbereich sehr aktiv ist. Ein Schwerpunkt ist die Förderung von Verbesserungsvorschlägen. Sie hat die Anzahl statistisch aufbereitet. Während im vergangenen Jahr ein Mitarbeiter durchschnittlich drei Verbesserungsvorschläge pro Jahr einreichte, sind es nun im ersten Halbjahr schon vier pro Kopf. Die Motivation wird sicher durch eine Vereinfachung des Ablaufs, durch eine rasche Umsetzung der realisierbaren Vorschläge und durch die grafische Darstellung der positiven Entwicklung an der Teamtafel ausgelöst.

Auf dem Weg zur Kantine bleibt Tim vor der Teamtafel stehen und betrachtet die einzelnen Grafiken. Sehr zufrieden ist er mit der Entwicklung der Fehlzeiten, die sich seit einem Jahr um 30 % reduziert haben. Sein Blick bleibt hängen an der Grafik über die Anzahl der Kundenreklamationen. Hier zeigt die Linie seit drei Monaten nach oben. Er geht kurz zurück an seinen Arbeitsplatz und notiert in seinem Terminplaner: *Problemanalyse und Problemlösungsstory Kundenreklamationen*.

Dann verschickt er ein Mail mit der Einladung zu einer Kurzbesprechung am nächsten Morgen.

Beim Mittagessen erzählt Tim Dieter Kardan von den Fortschritten in seinem Bereich. Dieter Kardan stellt fest: „Die in der Kantine könnten auch mal eine Matrix für die Kundenzufriedenheit und die Qualität des Essens erstellen. Das Gemüse hier ist ziemlich verkocht, und dem Koch ist wohl das Salzfass in das Geschnetzelte gefallen."
   Tim grinst und sagt: „Da bin ich mit meiner Lasagne und dem Salat wohl gut bedient. Aber das mit der Matrix ist eine gute Idee. Das müssen wir mal vorschlagen."

Tim ist mit seinen Gedanken schon einen Schritt weiter. Er träumt von einem Leben als *moderner Nomade*, der unabhängig von Raum und Zeit arbeitet. Er sieht, wie er seine Prozesse von zu Hause aus steuert. Dann kann er statt dem Kantinenfutter ein von Thea serviertes Mittagessen zusammen mit seinem Sohn genießen.

K wie kontinuierlich

Am nächsten Morgen treffen sich alle Mitarbeiter, die Kundenkontakt haben, zu der anberaumten Kurzbesprechung.

Tim erläutert seine Beobachtungen bezüglich der Kundenreklamationen. Er betont, dass er in dieser Sache dringenden Handlungsbedarf sieht. Spontan entschließt er sich, sofort eine Analyse mit der bewährten *Fünfmal-Warum-Methode* durchzuführen.

„Kann mir jemand sagen, warum die Anzahl der Reklamationen seit drei Monaten wieder steigt?", fragt Tim.

„Weil bei den produzierten Teilen Qualitätsprobleme auftreten", sagt Martin Schräuble.

„Und warum treten diese Qualitätsprobleme auf?", möchte Tim wissen.

„Dazu müssen wir die von der Produktion befragen", antwortet Schräuble und greift zum Telefon. Nach fünf Minuten hat er die Antwort: „Weil bei der Eingangskontrolle nicht alle fehlerhaften Teile entdeckt werden."

„Warum werden nicht alle fehlerhaften Teile entdeckt?"

„Weil die bei der Eingangskontrolle nur noch Stichproben machen", weiß Schräuble.

„Und warum werden nur Stichproben gemacht?", fragt Tim.

„Um Kosten zu sparen."

Alle sind sich darüber einig, dass keine Kosten gespart werden, wenn am Ende Reklamationen bearbeitet werden müssen und die Kunden verärgert sind. Martin Schräuble will gleich nach dem Meeting zum Produktionsleiter gehen und ihn bitten, dieses Problem aus der Welt zu schaffen.

Tim denkt laut: „Früher hätte sich dieser Zustand über Monate hingezogen, und wir hätten vermutlich einige verärgerte Kunden verloren. Dank unserer Kennzahlen und deren Visualisierung können wir nun sofort den Missstand beheben und unsere Firma vor weiterem Schaden bewahren. Das ist schon eine tolle Sache."

Die Qualifikation fürs Sommerfest

Es ist so weit. Heute ist großer Audit-Tag für den Level 3. Alle Prozessbegleiter sind im Einsatz, um innerhalb von zwei Tagen, das Audit für den Level 3 abzunehmen. Alle Verwaltungsbereiche machen mit. Jonny Cantarella hat sich persönlich noch einmal um das Rechnungswesen bemüht. Er schaffte es tatsächlich, die Menschen dort für die Methoden Prozessmapping und Problemlösungsstory zu begeistern. Es wurden einige *Muda-Schätze* aufgedeckt, und das Team ist für das Audit gut vorbereitet.

Stück für Stück arbeiten sich die Auditoren durch die unterschiedlichen Bereiche. Nach zwei Tagen hängen die Urkunden über das bestandene Audit im Level 3 in allen Abteilungen.

Nun steht dem geplanten Sommerfest nichts mehr im Wege. Die Vorbereitungen laufen auf vollen Touren, und alle freuen sich schon darauf.

Der Wettergott ist freundlich gestimmt, und bei sommerlichen Temperaturen treffen sich am Freitag um 16 Uhr alle Mitarbeiter samt Anhang zum Fassanstich. Manfred Drehrad höchstpersönlich löst mit einem Hammerschlag eine Bierfontäne aus, die zur Dusche für die Neugierigen in der ersten Reihe wird.

Drehrad schüttelt sich und sagt: „Sie sehen, dass ich darin keine Übung habe."

Er lässt sich gerne von Martin Schräuble helfen, der das übrig gebliebene Bier routiniert rettet und beginnt, die Gläser zu füllen.

„Der Martin erweist sich als unentbehrlich in allen Situationen", flüstert Sandra Schwarz Elke Müller zu. „Ja, der hat sich wirklich sehr zu seinem Vorteil verändert", antwortet diese.

Kurt Spiegel sorgt auch in diesem Jahr wieder für Überraschungen. Er hat die digitale Fotografie entdeckt und ist unheimlich stolz auf seine neue Digitalkamera. Sein T-Shirt, das ihm seine Kinder geschenkt haben, trägt die Aufschrift **Digital Paparazzi**. Niemand ist vor ihm sicher. Er fotografiert alles und jeden. Gerade ist er an dem Tisch zugange, wo seine Gattin neben Thea Tacho und Martin Schräuble sitzt. Dieser streckt die Zunge heraus, als ihn Spiegel fotografiert, und sagt: „Vor dem ist ja nichts sicher, der wird ja richtig zur Plage."

Tim Tacho kommt Kurt Spiegel zur Hilfe und sagt: „Seid doch froh, dass wir so einen engagierten Fotografen haben. Dann haben wir reichlich Bilder für die Dokumentation an unseren Teamtafeln." Kurt Spiegel lächelt stolz und geht weiter zum nächsten Tisch.

„Teamtafeln? Jetzt geht mir ein Licht auf!", sagt Britta Spiegel. „Seit Kurt die neue Kamera und den Computer hat, sitzt er dauernd vor der Kiste und macht irgendwelche Ausdrucke. Inzwischen hat er bei uns im Flur, im Keller und in der Garage Magnettafeln angebracht. Dort befestigt er dann ausgedruckte Einkaufslisten für den Baumarkt und Fotos, wie die Werkzeuge in der Garage angeordnet sein sollen. Wenn unser Sohn kommt und an seinem Motorrad herumbastelt, muss er sich neuerdings an diese Ordnung halten. Aber ich muss sagen, dass es seither immer aufgeräumt ist."

Tim grinst und sagt: „Das nennt man Visualisierung. Bilder sagen mehr als Worte. Wir praktizieren das auch bei uns in der Firma."

Britta Spiegel nickt und sagt: „Ja, das hat schon was. Aber irgendwie kenne ich meinen Mann nicht wieder. Er hat sogar den Parkplatz für das Dreirad unseres Enkels fotografiert und ihm beigebracht, wie er sein Fahrzeug einparken muss. Der Kleine hat richtig Spaß daran."

„Das ist eine gute Idee", sagt Thea mit einem Blick auf Marco, der gerade mit anderen Kindern einem Ball hinterherrennt."

Tim und Thea verlassen das Fest mit Marco gegen 23 Uhr. „Das war ja mal wieder ein sehr nettes Fest", sagt Thea. „Beim Gespräch mit deinen Kollegen ist mir bewusst geworden, dass wir unsere Kaizen-Aktivitäten hier zu Hause in den vergangenen Monaten ein wenig vernachlässigt haben." Tim muss einräumen, dass das stimmt.

Thea sagt: „Wenn Marco nach den Ferien in den Kindergarten kommt, habe ich auch wieder mehr Zeit, in dieser Richtung etwas zu tun. Es könnte höchstens sein, dass es bald wieder etwas stressiger bei uns wird, wenn das Geschwisterchen von Marco da ist."

Tim schaut sie entgeistert an. Thea nickt und erzählt, dass sie heute einen Schwangerschaftstest gemacht hat, der positiv ausgefallen ist. „Nächste Woche habe ich einen Arzttermin, und ich denke, dass der das Ergebnis bestätigen wird."

Sommerzeit

Die Sommerferien stehen bevor, und man merkt schon, wie es langsam ruhiger wird. Früher hatten die Mitarbeiter diese Zeit immer genutzt, um ihre Schreibtische aufzuräumen. Das ist jetzt in Tims Bereich nicht mehr notwendig, da es keinen festen Arbeitsplatz mehr gibt. Alle sind angehalten, ihren temporären Schreibtisch immer komplett aufgeräumt zu verlassen. Dank dieser **Clean Desk Policy** kann die Putzkolonne die Arbeitsplätze gründlich reinigen, und es entstehen keine Schmutznester mehr.

Tim regt an, dass sich das Team schon Gedanken macht, was noch alles getan werden muss, um das Audit im Level 4 zu bestehen. Der Termin dafür ist nach den Ferien angesetzt. Gemeinsam mit Martin Schräuble schaut er nochmals die Kennzahlen durch, um eventuelle Potenziale für Prozessverbesserungen und Einsparungen ausfindig zu machen.

Sie stellen fest, dass bei Ersatzteilbestellungen die Lieferzeiten weit hinter der Norm zurückliegen. Also verfolgen sie mit den daran beteiligten Kollegen den Prozess rückwärts von der Ankunft beim Kunden über die internen Prozesse bis zum Auftragseingang. Dabei stellt sich heraus, dass schon beim Eingang der Bestellung ein hoher Zeitverlust zu verzeichnen ist. Das liegt daran, dass es sich oft um ältere Teile handelt, bei denen der Kunde die Bestellnummer nicht mehr weiß. Dann ruft der Verkaufssachbearbeiter einen Techniker an und leitet dessen Rückfragen wieder an den Kunden weiter. Oft sind es mehrere Rückfragen, die dann den Weg Vertrieb – Kunde – Technik und umgekehrt nehmen.

„Da wäre es ja besser, wenn der Techniker die Bestellung gleich mit dem Kunden abklärt, da dieser das Teil ja sowieso kalkulieren muss."

Tim und Elke Müller stimmen Schräuble sofort zu. Für den Nachmittag bitten sie die Techniker um eine kurze Besprechung. Man einigt sich darauf, dass die Techniker in solchen Fällen den Kunden kontaktieren und sich direkt um die Aufnahme der Bestellung kümmern. Die Aufzeichnung des neuen Prozesses zeigt gegenüber dem momentanen IST-Zustand eine Zeitersparnis zwischen einem und fünf Arbeitstagen.

Tim ist zufrieden mit dem Ergebnis und weist darauf hin, wie wichtig es ist, die Kennzahlendatenbanken kontinuierlich zu pflegen. „Die Ausdrucke an der Teamtafel geben uns dann sofort Warnsignale, wenn etwas nicht stimmt", sagt er.

Geschafft – die Betriebsferien stehen an, und gut gelaunt verabschieden sich die Leute in den dreiwöchigen Sommerurlaub.

Das Wetter ist herrlich, und die Tachos haben fast ihr gesamtes Familienleben in den Garten verlegt. Marco kann gar nicht genug von den erfrischenden Bädern in seinem Planschbecken bekommen. Wie fast alle Kinder in der heutigen Zeit hat er Spielsachen im Überfluss, die er breit gestreut im ganzen Garten verteilt. Sein kleines Tretauto mit der Aufschrift *Polizei* parkt er, wo es ihm gerade gefällt, manchmal in der abgelegensten Ecke des Gartens. Seine Eltern sind abends damit beschäftigt, alles wieder einzusammeln.

Tim erinnert sich daran, was Frau Spiegel auf dem Sommerfest erzählt hatte. Da Marco ein großer Autofan ist, fragt er ihn: „Möchtest du einen Garagenplatz für dein Polizeiauto?" Begeistert nickt der Kleine und strahlt. „Gut, aber dann musst du das Auto auch immer dort parken, wenn du es nicht brauchst, genauso wie ich das mit meinem Auto mache. Versprichst du mir das?" Marco nickt wieder und ruft begeistert „Jaa!"

Tim holt breites Klebeband aus seiner Werkstatt und markiert in der geräumigen Garage einen Parkplatz für Marco, direkt am Eingang vom Garten her. Der Kleine holt sofort sein Polizeiauto und platziert es stolz nach einigem Rangieren direkt in die Mitte seines eigenen Parkplatzes.

„Wollen wir für die anderen Spielsachen auch einen Parkplatz bauen?", fragt Tim seinen Junior. „Ja, Marco Parkplatz bauen", ist die Antwort.

Tim fährt mit seinem Junior in den Baumarkt. Dort findet er stapelbare Plastikboxen in verschiedenen Farben. Er kauft sechs Stück davon in der Hoffnung, dass darin alle Spielsachen Platz finden.

Wieder zu Hause überlegt er zusammen mit Marco eine Ordnung: Die Spielsachen für den Garten wie Bälle, Sandkastenutensilien etc. kommen in die beiden blauen Boxen und werden in der Garage neben Tims Parkplatz untergebracht. Die restlichen Boxen kommen ins Kinderzimmer. Gelb ist für die Matchbox-Autos, beschließt Marco, rot für die Plastikfiguren, grün für Karten, Puzzles und Spiele, orange für Legosteine. Marco räumt begeistert seine Spielsachen ein.

„Das ist aber schön, wenn ich nicht dauernd auf Legosteine trete oder über ein Minifahrzeug stolpere", freut sich Thea. „Marco, mein Schatz, wollen wir jetzt immer die Spielsachen parken, wenn du fertig bist mit Spielen?" Der Kleine lacht und juchzt: „Marco parken, Marco parken!"

Die Ferien sind zu Ende, Tim radelt am Montag ins Büro und wählt für heute einen Ruhearbeitsplatz im Einzelbüro. Sein Postfach am Eingang quillt über, und an das E-Mail-Postfach möchte er gar nicht denken. Er ist früh dran und kann ungestört zwei Stunden arbeiten, bevor ihn die ersten Anrufe erreichen.

Im Laufe des Tages ist überall ein großes „Hallo" zu hören, und die Leute tauschen ihre Urlaubserlebnisse aus. Tim macht mehrmals einen Rundgang durch die Abteilung, damit die Erzählungen nicht ausarten und die Arbeit nicht liegen bleibt.

Er sieht zwar oft gefüllte Posteingangsstapel. Einen *Hochstapler* hat er aber noch nicht entdeckt. Insgesamt hat Tim das Gefühl, dass alles ruhiger läuft als in den vergangenen Jahren.

Die Prozessbegleiter sorgen dafür, dass sich die einzelnen Teams regelmäßig Gedanken über weitere Verbesserungen machen. Mit Einführung der Kennzahlen wird in Tims Bereich die Zahl der eingereichten Verbesserungsvorschläge festgehalten. Die Kurve steigt degressiv nach oben.

Tim freut sich darauf, bald die Kennzahlen als Führungsinstrument verwenden zu können. Er sieht darin die große Chance, Zielsetzungen klar zu definieren und deren Umsetzung kontinuierlich verfolgen zu können. „Da werde ich es wesentlich einfacher haben als mein Vorgänger", denkt er bei sich.

Dieter Kardan hatte oft Schwierigkeiten gehabt, den Überblick zu bewahren. Für die Präsentationen vor der Geschäftsleitung musste er immer den Zahlen hinterherrennen und diese aufbereiten. Tim bekommt nun diese Zahlen anhand der Kennzahlentafeln und im Intranet fast tagesaktuell geliefert.

Audit Level 4

Seit dem Arbeitsbeginn nach den Ferien sind einige Wochen vergangen, und alles läuft wieder normal. Im Verwaltungsbereich der Firma Drehrad findet man immer mehr große Magnettafeln mit Infos, Kennzahlen und Grafiken. Diese Tafeln gibt es schon seit Jahren in der Produktion, denn dort muss man die Dokumente gegen Staub und Schmutz schützen. In die Klarsichtmappen mit Umrandung aus Metall in verschiedenen Farben lassen sich die DIN-A4-Ausdrucke problemlos einschieben und bei Bedarf schnell austauschen. Der magnetische Rahmen sorgt für eine gute Haftung an der Metalltafel. So lassen sich die Themen auf einfache Weise farblich kennzeichnen.

Für umfassendere Vorgänge gibt es eine Halterung mit mehreren solcher Mappen zum Blättern. Neue oder besonders wichtige Informationen werden mit gelben oder roten Pfeilen markiert, die sich ebenfalls mit einem Griff an der Tafel befestigen lassen. Der Standard für diese Teamtafeln gilt nun für die ganze Firma.

Immer wieder beobachtet Tim erfreut, dass die Infos an den Tafeln auch tatsächlich von den Mitarbeitern gelesen werden. Ein roter Pfeil markiert derzeit den Hinweis auf das Audit im Level 4. Das ist zur Zeit Gesprächsthema Nummer eins im Bereich Vertrieb. Der Ehrgeiz ist geweckt, und in einem letzten Meeting vor dem Audit berät das Team, ob wirklich alles getan wurde, um vor den kritischen Auditoren zu bestehen.

Tim Tacho begrüßt am Donnerstag die Auditoren und die Mitarbeiter seiner Abteilung. Er betont nochmals, dass es sich bei dem

Audit nicht um eine Prüfung handelt. Vielmehr soll gemeinsam festgestellt werden, ob alle im Level 4 wichtigen Punkte funktionieren. Schwachstellen sollen aufgedeckt werden, und bei Bedarf werden nochmals Schulungen zu einzelnen Punkten erfolgen.

„Es bringt wirklich nichts, wenn wir uns selbst alles schönreden. Also seien Sie kritisch gegenüber sich selbst und dem Team und geben Sie den Auditoren ehrliche Auskünfte", fordert er sein Team auf.

Heute hat Jonny Cantarella den Vorsitz bei den Prozessbegleitern, da Tim in seinem eigenen Bereich befangen wäre. Das Team spricht die einzelnen Auditfragen durch.

Es ist nachweisbar, dass alle Mitarbeiter in den Vorgehensweisen für den Level 4 geschult wurden. „Dafür kann ich schon mal die volle Punktzahl eintragen", sagt Jonny Cantarella. „Wie sieht es mit den Teamtafeln und den Informationen im Intranet aus?"

„Die Teamtafeln sind perfekt, und wir haben insgesamt fünf Ziele festgelegt. Anhand unserer Kennzahlen können wir den Fortschritt im Hinblick auf die Verwirklichung dieser Ziele im Intranet und auf den Tafeln genau beobachten", erklärt Elke Müller. Die Auditoren nehmen die Teamtafeln und die Informationen im Intranet unter die Lupe und sind zufrieden. Auch hier gibt es die volle Punktzahl.

Bei der dritten Frage geht es um die Qualifikationsmatrix, welche den Schulungsbedarf der Mitarbeiter aufzeigt. Auch hier wurde gute Arbeit geleistet.

„Nun wollen wir uns mal anschauen, wie es mit der Zielsetzung aussieht. Dazu müssen wir noch mal an die Teamtafeln und ins Intranet. Wir treffen uns hier wieder in einer Stunde. Sie können sich so lange um Ihre Arbeit kümmern. Die Prozessbegleiter werden Ihnen eventuell zwischendurch ein paar Fragen stellen", bestimmt Jonny Cantarella. Die Gruppe löst sich auf, und die Prozessbegleiter verteilen sich im gesamten Büro, um ihre Beobachtungen zu machen. In einer kurzen Besprechung werten die Prozessbegleiter ihre Beobachtungen aus.

„Die Teamziele sind ja ganz gut aufbereitet", hat Bianca Krause festgestellt, „aber was die persönlichen Ziele der einzelnen Leute betrifft, so gibt es da noch einige Lücken. Kurt Spiegel scheint zum Beispiel in dieser Hinsicht ein Problem zu haben. Das bestätigten mir auch einige seiner Kollegen. Er hortet immer noch zu viel in seiner mit Passwort geschützten Ablage und boykottiert dadurch das Ziel der Transparenz."

„Gut, das gibt einen Punktabzug. Und wir müssen darüber noch mal mit ihm reden. Das machen wir aber später", sagt Jonny Cantarella.

Die nächste Frage bezieht sich auf die Arbeit an der Prozessverbesserung und die Reduzierung der Prozesskosten.

Bei näherem Hinsehen stellt sich heraus, dass die Aktivitäten, was Prozessmapping und Problemlösungsstory betrifft, in letzter Zeit ziemlich eingeschlafen sind. Dafür werden drei Punkte abgezogen.

Für die Frage nach dem Urlaubsplan gibt es wieder die volle Punktzahl. Denn die Planung ist perfekt organisiert und visualisiert – sowohl an der Teamtafel als auch im Intranet. Die Kollegen stimmen sich mit der Urlaubsplanung außerhalb der Betriebsferien so ab, dass der Geschäftsablauf nicht gestört wird.

„Und wie sieht es mit der Kommunikation aus?", fragt Cantarella als Nächstes.

Dazu antwortet Martin Schräuble: „Die klappt viel besser, seit unser Büro umgebaut worden ist. Aber es kommt immer noch vor, dass wichtige Informationen nicht alle erreichen."

„Ja, leider", bestätigt Sandra Schwarz. „Erst gestern habe ich mich wieder vor einem Kunden blamiert, da ich nicht wusste, dass die Standardteile aus der B-Serie verändert wurden."

„Also, dann müssen wir auf jeden Fall in dieser Richtung noch etwas tun", bemerkt Tim Tacho.

In der letzten Frage geht es um Veränderungen in der Unternehmenskultur und die Verbesserungen der Kundenzufriedenheit. Hier sind wohl positive Veränderungen zu spüren – darin sind sich alle einig. Da aber noch keine Analyse durchgeführt wurde, gibt es Punktabzug.

Trotz einiger Schwachstellen, die zum Punktabzug führten, verkündet Jonny Cantarella am Ende, dass das Audit bestanden ist. Die Prozessbegleiter gratulieren dem Team und überreichen die Urkunde. Gerade als die Sektkorken knallen, erscheint Manfred Drehrad, der von Elke Müller informiert wurde. Er schließt sich den Glückwünschen an.

„Sie können sehr stolz sein auf das, was Sie erreicht haben", sagt der Firmenchef. „Unser Ziel ist es, mittelfristig alle Bereiche in den Level 4 zu bringen. Nun machen wir in der Verwaltung seit gut zwei Jahren Kaizen, und es ist schon beeindruckend, was sich seither alles zum Positiven verändert hat. Ich finde es spannend, was gerade in unserem Unternehmen passiert, und ich bin sehr neugierig darauf, wohin die Reise noch geht. Auf jeden Fall herzlichen Dank an Sie alle, die Sie mitgewirkt haben, uns dahin zu bringen, wo wir heute stehen."

Elke Müller macht sich gleich daran, die Auditurkunde an der Teamtafel zu befestigen. Sandra Schwarz erfasst die gute Nachricht vom bestandenen Audit im Intranet und gibt die Info sofort ans Marketing für die Veröffentlichung in der Hauszeitschrift weiter.

Drehrad AG **Dreh mit!**	**Auditfragebogen** **Office Excellence**	Level 4: Eigen- verantwortung Datum: ....
	Auditfrage und höchstmögliche Punktezahl	**Erreichte Punktzahl**
1	Wurden alle betroffenen Mitarbeiter nachweislich in den erforderlichen Vorgehensweisen für den Level 4 der Office Excellence geschult?	0 I 2 3
2	Gibt es Informationstafeln pro Team und Arbeitsplatz zur Visualisierung aller erforderlichen Informationen? Sind die Zugriffe innerhalb des Intranets und des Internets so geregelt, dass auf alle benötigten Infor- mationen zurückgegriffen werden kann?	0 I 2 3
3	Wurde der Schulungsbedarf der Mitarbeiter syste- matisch ermittelt und in einer Qualifikationsmatrix festgehalten?	0 I 2 3
4	Kennt jeder Mitarbeiter seine persönlichen Ziele, die Ziele des Teams und sind diese Ziele vereinbart und visualisiert?	0 I 2 3
5	Wird im Team systematisch an den Verbesserungen der Prozesse und der Reduzierung der Prozesskosten gearbeitet (z.B. Problemlösungsstory)?	0 I 2 3
6	Gibt es einen gemeinsamen, für alle gut zugänglichen Urlaubsplan, der im Team abgestimmt wurde?	0 I 2 3
7	Wird im Team nachweislich regelmäßig kommuniziert (z.B. Regelkommunikation, Zielabgleich, Problem- lösungsstory etc.)?	0 I 2 3
8	Gibt es spürbare und messbare Veränderungen in der Kultur des Bereichs/Unternehmens? (Mitarbeiter-/Kundenzufriedenheitsanalyse?	0 I 2 3
9		
10		
	Ergebnis (bestanden >22 Punkte)	

Abbildung: Auditbogen Level 4, Quelle: KAIZEN® Insitute Bad Homburg

Flexibles Arbeiten im Team

Die Auditierung des Vertriebsteams im Level 4 ist ein großer Schritt im Hinblick auf das Ziel, als Weltklasse-Unternehmen zu den Besten zu gehören. Darin sind sich Tim Tacho und die Prozessbegleiter einig. Nun sind über zwei Jahre seit der Einführung von Kaizen vergangen. Zwischendurch gab es immer mal wieder Tiefpunkte.

Es hat sich sehr bewährt, dass es regelmäßige Meetings unter dem Motto *Drehzeit* gibt, so dass die Mitarbeiter immer wieder neue Ideen austauschen und umsetzen können. Die Prozessbegleiter sind diejenigen, die darauf achten, dass solche Meetings in allen Bereichen durchgeführt werden.

Zwei Jahre später: Unabhängig von Raum und Zeit

Seit der Auditierung des Vertriebsteams im Level 4 sind zwei weitere Jahre vergangen. Tim Tacho sitzt zu Hause in seinem Arbeitszimmer. Durch das geöffnete Fenster hört er aus dem Garten das Lachen seiner Tochter Miriam. Er genießt es, heute einen *Home-Office-Tag* einlegen zu können. Hier kann er ungestört arbeiten und ist sehr effizient. Am Vormittag hat er bereits mit allen Außendienstmitarbeitern telefoniert und Informationen über die aktuelle Lage am Markt gesammelt.

Dann hat er sich ins Intranet der Firma Drehrad eingeloggt und einen Blick auf die Kennzahlen geworfen. Die Wirtschaftslage ist allgemein nicht so gut. Zum Glück stimmen bei „Luxusmobile" die Verkaufszahlen noch, und somit geht es auch der Firma Drehrad gut. Der Außendienst tut sich schwer, neue Kunden zu akquirieren. Tim ist der Meinung, dass es wichtig ist, für die Zufriedenheit der bestehenden Kunden zu sorgen, damit diese erhalten bleiben. Deshalb nimmt er die Qualitätskennzahlen unter die Lupe und leitet bei negativen Abweichungen sofort Gegenmaßnahmen ein.

Es hat sich sehr bewährt, die Ursachen mit Hilfe der Methode *Fünfmal Warum* aufzudecken und dann sofort Abhilfe zu schaffen. Momentan zeichnen sich wieder Qualitätsprobleme ab. Deshalb schaut Tim über das Intranet in die Terminplanung seiner Mitarbeiter und setzt für nächste Woche zum passenden Termin ein Meeting an. Das System hat einen für alle passenden Termin herausgefunden. Dieser wird gleich automatisch in die Kalender der betroffenen Mitarbeiter eingetragen und der Besprechungsraum gebucht. Tim benachrichtigt alle per E-Mail und teilt mit, welche Informationen er beim Meeting benötigt.

Zum Mittagessen hat Thea einen frischen Salat und Pasta zubereitet. Tim genießt es, im Kreise seiner Familie zu speisen. Die Gespräche mit seinen Kollegen und Mitarbeitern in der Kantine möchte er zwar auch nicht missen, aber das muss nicht jeden Tag sein.

Am Nachmittag ruft er seine Mails ab und hat schon ein erstes Feedback auf die eingeleiteten Aktionen. Von den Außendienstmitarbeitern kommen die aufgelisteten Informationen über Qualitätsprobleme.

„Früher hätte ich gar nicht die Zeit gehabt, mich um solche Dinge zu kümmern", denkt Tim bei sich. „Vieles wäre im Sande verlaufen, wir hätten Kunden verloren und nicht gewusst warum. Dabei weiß jeder, dass es preiswerter ist, zufriedene Kunden zu behalten, als ständig neue zu werben."

Obwohl der Umsatz im Moment stagniert, ist die Ertragssituation deutlich besser als noch vor drei Jahren. Die Zahl der Arbeitsplätze ist fast konstant geblieben. Die Arbeitsabläufe sind ruhiger und transparenter geworden, und die Ergebnisse können sich sehen lassen.

Die Geschäftsleitung macht regen Gebrauch von den verschiedenen Kennzahlen. Manfred Drehrad ist bestens informiert über das

Qualifikationsniveau seiner Mitarbeiter, die Qualität der Produkte, Lieferzeiten, Krankenstand und Kosten für Büromaterial. Noch nie hat es ihm so viel Spaß gemacht, die Firma zu leiten. Das hat er erst kürzlich wieder gegenüber Tim Tacho erwähnt.

Tim ist stolz auf das, was er mit seinem Team erreicht hat, und denkt nicht mehr daran, sich nach einer anderen Arbeitsstelle umzuschauen. Er ist hochzufrieden und fühlt sich wohl als **moderner Nomade**. Sowohl im Büro als auch privat läuft alles so gut wie noch nie. Zufrieden schaut er aus dem Fenster auf den kleinen japanischen Garten, den er eigenhändig angelegt hat, und denkt: „PANTA RHEI – alles fließt."

Ausblick

So, nun wissen Sie, was Kaizen ist und wie die Methode funktioniert. Jetzt liegt es an Ihnen, selbst aktiv zu werden. Das Thema „Büroeffizienz" wird uns mit Sicherheit die nächsten Jahre beschäftigen. Für alle, die mehr über die Methoden wissen möchten, werden wir zur Ergänzung ein Fachbuch herausgeben, das detailliert die Vorgehensweise erklärt und erfolgreiche Beispiele aus der Praxis zeigt.

Die Autoren freuen sich über Ihr Feedback. Sie erreichen uns unter:
mail@sabineleikep.de

Weitere Informationen zum Thema Büroeffizienz finden Sie unter:
www.kaizen.de
www.kaizen-im-office.de
www.bueroeffizienz.de
www.office-excellence.de
www.leikep.de
www.klausbieber.de

Index

Symbole

A

B

C

D

E